처음 만나는 난중일기

미래주니어

머리말

　이순신 장군은 전쟁이라는 어려움 속에서도 매일 일기를 쓰셨어요. 그날 날씨와 있었던 일을 꼼꼼하게 기록한 《난중일기》를 읽고 있으면 몇백 년의 시간을 거슬러 올라가서 마치 이순신 장군과 함께 있는 듯한 느낌이 들어요. 군더더기 없이 간결한 문장과 사실에 바탕을 둔 내용에 꿋꿋하고 곧은 이순신 장군의 모습이 그대로 드러나거든요. 흔들림 없는 모습으로 백성과 나라를 생각하시던 이순신 장군이 말이에요.

　《난중일기》를 읽어 보면 이순신 장군의 여러 모습을 볼 수 있어요. 어머니를 생각하는 효심 가득한 아들, 자식을 보살피는 아버지, 백성과 나라를 생각하는 장군, 아픈 몸으로 밤새 잠을 자지 못하며 나라를 걱정하는 외롭고 힘든 모습까지 생생하게 전달돼요. 억울한 누명을 쓰고 옥에 갇혔다가 겨우 풀려나서 백의종군할 때의 모습을 보고 있으면 같이 분한 마음이 들어요. 또, 어머니가 돌아가셨을 때 원통해 하는 모습과 아들이 죽었을 때 슬퍼하는 모습을 보면 눈물이 난답니다.

　《난중일기》를 정리하면서 충청도 아산에 있는 현충사와 이순신 장군의 묘 그리고 명량해전이 벌어졌던 전라도

　진도의 울돌목에 다녀왔어요. 울돌목의 소용돌이치는 물살에서 정말 '우우우!' 하는 울음소리가 들려왔어요. 그 소리를 들으니 명량대첩의 위대한 전투가 떠올랐지요. 간신히 남은 12척의 배로 100척이 넘는 적선과 맞서 싸우는 이순신 장군의 마음은 어땠을까요? 명량해전에 대해서는 정유년(1597년) 9월 16일 일기에 자세히 기록되어 있어요. 일기를 보면 상황이 얼마나 급박했는지 알 수 있고, 이순신 장군과 조선 군사들이 죽음을 각오하고 싸우는 처절함을 느낄 수 있어요.

　아산 현충사와 이순신 장군의 묘에 가서는 저절로 고개가 숙여졌어요. 만약에 이순신 장군이 왜로부터 조선을 지켜내지 못했다면 우리는 어떻게 살고 있을까요? 생각만으로도 정신이 아찔했어요.

　우리가 살아가고 있는 지금 이 시각에는 수많은 사람의 숨결이 실려 있어요. 그 숨결을 잘 느낄 수 있는 글이 바로 이순신 장군의 《난중일기》랍니다.

　여러분이 《난중일기》를 하루, 하루 읽어가면서 이순신 장군의 마음을 따라가면 좋겠어요. 《난중일기》를 통해 이순신 장군의 숨결을 느끼고 오늘 하루를 소중히 생각해주세요.

글쓴이 김은중

이순신 장군의 마음 기록
난중일기

　《난중일기》는 임진왜란 7년여 동안 이순신 장군이 보고 들은 것을 기록한 전쟁 중의 일기입니다. 《난중일기》라는 제목은 조선 정조 19년(1795년)에 왕명으로 간행된 《이충무공전서》에서 처음 붙여졌어요. 원래 제목은 연도별로 〈임진일기〉, 〈계사일기〉, 〈갑오일기〉, 〈을미일기〉, 〈병신일기〉, 〈정유일기〉, 〈무술일기〉 등으로 일기에 그해의 이름을 붙인 거예요.

　이순신 장군은 임진년(1592년) 1월 1일부터 무술년(1598년) 11월 17일까지 7년간의 전쟁 기간에 틈나는 대로 날씨와 함께 그날 있었던 일을 상세히 기록했어요. 다만, 전투를 치른 날과 명령을 어겼다는 누명을 쓰고 한양으로 끌려가 감옥에 있던 시기에는 일기를 쓰지 못했지요.

　이순신 장군은 전쟁 중에도 사람을 보내어 어머니의 안부를 확인하고 집안이 평안한지 살피었어요. 또한, 매일 밤 잠들지 못하고 나라를 생각하는 애절한 마음도 구체적으로 잘 드러나 있어요. 이순신 장군의 일기를 읽다 보면 왜적에 대한 분노와 정치에 대한 답답함, 전쟁에 시달리는 민중에 대한 안타까움 등 진정한 장군의 면모를 갖춘 이순신 장군의 마음을 느낄 수 있지요.

그뿐만 아니라 《난중일기》에는 임금에게 올린 장계나 관청에 보낸 공문, 시와 글 등이 실려 있어 그의 뛰어난 문장력을 알 수 있습니다. 무관 출신의 장수이지만 어릴 적부터 학문을 배워 문인의 자질도 뛰어났거든요.

《난중일기》는 이순신 장군의 가족 이야기는 물론, 지위가 높은 장수와 부하들 사이에 벌어진 일까지 자세히 기록되어 있고, 임진왜란이 벌어졌을 때 조선의 정치, 경제, 사회, 군사 등에 관한 여러 가지 내용을 담고 있어요. 그렇기 때문에 《난중일기》는 임진왜란을 연구하는 데 아주 중요한 역사적 자료랍니다.

《난중일기》는 1962년 대한민국의 국보로 지정되었고, 2013년에는 '이순신 난중일기 및 서간첩 임진장초의'라는 이름으로 유네스코 세계기록유산으로 등재되었어요.

나라와 백성을 위해 목숨을 바친
이순신 장군

　이순신 장군은 1545년 3월 8일 서울 건천동에서 4형제 중 셋째로 태어났어요. 이순신 장군의 집안은 덕수 이씨 가문으로 대대로 벼슬을 지냈어요. 이순신 장군은 28세가 되어 훈련원 별과에 응시하였으나 달리던 말이 넘어져서 왼쪽 다리를 다치게 되었어요. 아픔을 참고 끝까지 시험을 마쳤지만 결국 탈락했어요. 4년 후인 1576년 식년무과에 병과로 급제하여 관직 생활을 시작했답니다.

　이후 조산보만호 겸 녹도둔전사의가 되었는데, 여진 세력의 침입을 적절하게 방어하지 못하였다고 하여 첫 번째 백의종군을 하게 되었습니다. 하지만 이순신 장군은 곧은 성정과 뛰어난 자질로 1589년 정읍 현감이 되었지요.

　류성룡의 추천으로 47세에 전라 좌수사가 되었는데, 당시 대간들은 이순신 장군의 경력을 문제 삼아 반대하였지만, 선조는 이를 용납하지 않았습니다. 전라 좌수사가 된 이순신 장군은 전쟁에 대비하여 좌수영^{전남 여수}을 근거지로 삼아 배를 만들고 군사들의 훈련 상황과 무장 상황 등을 확인하며 군량 확보를 위하여 둔전 설치를 조정에 요청했어요.

　임진왜란이 발생하자 1592년 5월 7일 옥포해전을 시작으로 계속해서 승리를 거두었습니다.

　그러나 1597년 왜의 계략과 이순신 장군을 시기하던 관료들의 모함으로 파직되어 옥에 갇혔어요. 간신히 풀려나서는 도원수 권율의 지휘 아래에서 두 번째로 백의종군을 하였지요.
　이순신 장군에 이어 삼도수군통제사가 되었던 원균이 1597년 7월 14일과 15일 칠천량에서 왜적에게 크게 져서 조선 수군은 거의 죽거나 뿔뿔이 흩어지고 말았어요. 대책을 마련하지 못하고 있던 조선 조정은 이순신 장군을 다시 삼도수군통제사로 임명하였어요. 당시 남아 있는 전력은 군사 120명과 병선 12척뿐이었지요. 그렇지만 이순신 장군은 이 전력만으로 9월 16일 명량에서 왜적을 무찌르고 조선 수군을 다시 일으켜 세운답니다.
　1598년 11월 19일, 이순신 장군의 함대는 일본으로 물러가는 500척의 왜선을 노량에서 공격해 다시 한번 큰 승리를 얻었습니다. 하지만 이순신 장군은 전투 중에 일본군의 총알에 맞아 숨을 거두고 말아요. 이순신 장군은 전사하고 나서 우의정에 봉해졌어요.

차례

머리말 2

이순신 장군의 마음 기록, **난중일기** 4

나라와 백성을 위해 목숨을 바친 **이순신 장군** 6

임진왜란 당시 이순신 장군이 치룬 해상 전투 10

제1장 임진일기 | 임진년 1592년 11
왜적과 싸워 승리를 거두다

제2장 계사일기 | 계사년 1593년 27
삼도수군통제사가 되다

제3장 갑오일기 | 갑오년 1594년 53
곽재우, 김덕령과 작전을 세워 왜적을 공격하다

제4장 을미일기 | 을미년 1595년 **91**
임진왜란이 잠시 잠잠해지다

제5장 병신일기 | 병신년 1596년 **115**
전쟁 대비를 멈추지 않다

제6장 정유일기 | 정유년 1597년 **147**
명량에서 왜적을 격파하다

제7장 무술일기 | 무술년 1598년 **189**
노량에서 숨을 거두다

끝까지 나라를 위해 싸우다 간 충무공 이순신 **198**

임진왜란 당시 이순신 장군이 치룬 해상 전투

1. 옥포 해전 / 1592년 5월 7일
　이순신 장군이 지휘하는 조선 수군이 임진왜란이 일어난 후 거둔 첫 승리

2. 사천 해전 / 1592년 5월 29일
　거북선을 이용해 승리한 최초의 전투

3. 당포 해전 / 1592년 6월 2일
　사천해전에 이어 두 번째로 거북선을 앞세워 싸운 전투

4. 한산도 대첩 / 1592년 7월 8일
　이순신 장군이 출전한 해전 중 가장 유명한 해전으로 학날개 전법을 사용해 왜선을 모두 격파

5. 부산포 해전 / 1592년 9월 1일
　왜선 430여 척과 싸워 100여 척을 무찌르고 승리

6. 명량 해전 / 1597년 9월 16일
　백의종군에서 풀려나 통제사로 돌아온 이순신 장군이 단 12척의 배를 이끌고, 왜선 330여 척과 싸워 이긴 전투

7. 노량 해전 / 1598년 11월 19일
　조선 수군과 왜군이 싸운 마지막 해전으로 전투는 승리하였으나 이순신 장군은 왜군의 총탄에 맞아 전사

제1장

임진일기

임진년 1592년
왜적과 싸워 승리를 거두다

이순신 장군은 전쟁이 일어날 것을 대비하여
1592년 1월에 군사와 무기를 점검하고
3월에는 거북선을 시험하였다.
4월에 임진왜란이 일어나자 전쟁 태세를 갖추고
출전 명령을 내렸다.
5월에 옥포해전에서 첫 승리를 거두었다.
그 뒤를 이어 6월에는 당포·당항포 해전에서 왜적을 물리치고,
한산도 해전과 부산포 해전에서도 크게 이겼다.

1월 1일, 맑음

새벽에 동생 여필과 조카 봉 그리고 큰아들 회가 와서 함께 이야기를 나누었다. 어머니 곁을 떠나 두 번이나 남쪽에서 설을 보내니 어머니가 너무 그립다. 낮에 전라 병마절도사의 군관 이경신이 편지와 설날 선물 그리고 긴 화살과 짧은 화살을 가져왔다.

1월 11일, 종일 가랑비

오후 늦게 동헌에 나가 나랏일을 보았다. 이봉수가 선생원전남 여수시 율촌면의 돌 캐는 채석장을 둘러보고 와서 벌써 큰 돌 17덩어리에 구멍을 뚫었다고 보고하였다. 서문 밖에 파 놓은 해자 구덩이가 네 발두 팔을 양옆으로 벌린 길이이나 무너졌다.

1월 16일, 맑음

아침 일찍 관청에 나가 일을 하고 있으려니 각 고을의 벼슬아치들과 아전들이 인사를 하러 왔다. 방답전남 여수시 돌산읍의 군관과 아전들이 병선을 수리하지 않아서 곤장을 쳤다. 일을 감독해야 할 관리들이 제대로 단속하지 않아서 이런 일이 생긴 것이다. 자기 몸만 살찌우려 하고 일을 제대로 하지 않으니 앞날이 걱정이다.

성 아래에 사는 석수장이 박몽세가 이웃집 개를 잡아먹어 피해를 주었으므로 곤장 80대를 쳤다.

깊이 생각해보기 — **임진왜란은 왜 일어났을까요?**

도요토미 히데요시는 1590년에 왜를 통일하고 무사들의 불만과 힘을 다른 곳으로 돌리기 위해 명나라를 치기로 했어요. 명나라로 가기 위해서는 조선을 먼저 침략해야만 했지요. 그래서 왜는 '명나라를 치러 가는 데 길을 빌린다'는 이유로 임진왜란을 일으켰답니다.

2월

2월 1일, 안개비 내리다 갬

새벽에 망궐례_{대궐을 향해 절하는 의식}를 올렸다. 선창에 나가 쓸 만한 널빤지를 고르고 있는데 수장 안으로 피라미 떼가 몰려들었다. 그물을 쳐서 2천 마리 넘게 잡았다. 참으로 볼만한 구경거리였다. 그대로 배 위에 앉아서 우후 이몽구와 함께 술을 마시며 봄 경치를 구경하였다.

2월 3일, 맑음

새벽에 우후 이몽구가 각 포구를 조사하기 위해 배를 타고 나갔다. 일을 마친 뒤에는 활을 쏘았다. 탐라_{제주도} 사람이 아들과 딸 여섯을 데리고 금오도_{전남 여수시}로 도망쳐 나온 것을 방답 순환선이 붙잡아왔다.

진술서를 받고 순천으로 보내 가두라고 공문을 써 보냈다. 불을 올려놓는 화대석 네 개를 실어 올렸다.

2월 8일, 바람이 거세게 붊

거북선의 돛을 만드는데 쓸 베 29필을 받았다. 정오에는 활을 쏘았다. 조이립과 변존서가 활쏘기를 겨루었는데 조이립이 졌다. 우후가 돌아와서 방답 첨사 무의공 이순신가 적이 쳐들어올 것을 잘 대비하고 있다며 칭찬하였다. 횃불을 올려놓기 위해 관청 뜰에 돌기둥 화대를 세웠다.

2월 10일, 안개비

김인문이 감영에서 돌아왔다. 순찰사의 편지를 보니, 통역관들이 뇌물을 받고 명나라에 사실이 아닌 일을 거짓으로 꾸며 군사를 청했다고 한다. 우리나라와 왜가 함께 딴 뜻을 꾸민다니 말도 안 되는 일이다. 어찌 이리 도리에 어긋나고 흉악하단 말인가. 통역관들은 이미 잡아 가두었으나 분통함을 참을 수 없다.

깊이 생각해보기 — 이순신 장군은 왜 거북선을 만들었을까요?

조선이 전투 배인 판옥선은 깊이가 얕은 우리 바다에 적합했지만 왜군과 가까이 붙어 싸우기에는 불리했어요. 그래서 판옥선에 쇠못을 박은 지붕을 덮어 거북선을 만든 거예요. 뱃머리에는 용머리 모양의 포탑을 만들어서 포를 쏘고, 아랫부분에는 도깨비 얼굴 모양의 철판 귀두를 붙여서 적의 배에 직접 부딪혀서 부서뜨릴 수 있도록 했어요.

3월 5일, 맑음

저녁에 서울 갔던 진무_{군사 실무를 담당하는 벼슬}가 돌아왔다. 좌의정 류성룡이 편지와 함께 《증손전수방략》이라는 병법서를 보냈다. 책에는 바다에서의 전쟁 기술과 땅에서의 전쟁 기술 그리고 불로 공격하는 기술 등에 관한 전술이 자세하게 설명되어 있었는데, 참으로 뛰어난 이론이었다.

3월 6일, 맑음

아침에 무기들을 점검하였다. 활, 갑옷, 투구, 화살통, 환도_{군복에 차던 칼} 등이 깨지고 낡아서 못 쓰게 된 것이 많았다. 무기를 관리하는 담당자를 불러 엄하게 다스렸다.

3월 20일, 비가 많이 내림

각 부서의 살림을 살펴보았다. 순천 관내를 돌아보는 일을 제날짜에 마치지 못하였기에 대장, 색리, 도훈도_{향교에서 교육을 담당하는 교관}를 불러 어찌 된 일인지 따져 물었다. 사도 첨사 김완에게도 만나자는 공문을 보냈는데, 그는 혼자서 반나절 동안에 내나로도, 외나로도와 대평도, 소평도를 모두 탐색하고 그날로 포구에 돌아왔다고 하였다. 그것은 말도 안 되는 일이다. 이 일을 조사하기 위해 흥양 현감과 사도 첨사에게 공문을 보냈다. 몸이 매우 불편하여 일찍 들어왔다.

3월 24일, 맑음

나라 제삿날 소헌왕후의 제사 이라 일을 하지 않았다. 전라 우후가 적을 살펴보고 무사히 돌아왔다. 송희립이 순찰사와 도사의 답장을 가져왔다. 순찰사의 편지에는 "경상 관찰사 김수가 편지를 보냈는데, 대마도주 소 요시토시가 보낸 문서에 '일찍이 배 한 척을 우리나라에 보냈는데, 만약 도착하지 않았다면 틀림없이 풍랑에 부서진 것이다'라고 쓰여 있다는 것이다. 그 말은 거짓으로, 동래에서 빤히 바라보이는 바다인데 그럴 리가 없으니 정말로 간사하다."라고 했다.

깊이 생각해보기 — 좌의정 류성룡은 누구인가요?

서애 류성룡은 학문이 뛰어난 인재로 이순신 장군보다 세 살 많았지만, 서울의 한 동네에서 함께 지낸 친구였어요. 류성룡은 강직하고 뛰어난 능력을 지닌 이순신 장군을 알아보았어요. 임진왜란이 일어나자 좌의정이었던 류성룡은 이순신 장군을 전라 좌수사에 추천했어요. 전쟁이 끝나고 고향으로 내려와 임진왜란을 반성하는 글인 《징비록》을 남겼어요.

4월

4월 12일, 맑음

거북선의 지자포와 현자포를 쏘아 보았다. 순찰사의 군관 남한이 와서 포 쏘는 것을 살펴보고 갔다. 정오에는 동헌으로 돌아와 활 10순을 쏘았다. 관아에 올라가면서 말을 타고 내릴 때 쓰는 노대석을 살펴보았다.

4월 15일, 맑음

해 질 무렵에 경상 우수사 원균에게서 공문이 왔는데, 왜선 90여 척이 부산 앞 절영도에 정박하였다는 것이었다. 경상 좌수사의 문서에도 왜적 350여 척이 이미 부산포 건너편에 도착하였다고 했다. 즉각 임금께 장계를 올리고 순찰사, 병마사, 전라 우수사에게도 공문을 보내 왜적의 침입을 알렸다.

4월 16일

밤 10시쯤에 경상 우수사 원균에게서 공문이 왔다. 부산진이 이미 왜적에게 함락되었다는 내용이었다. 참으로 분하고 원통하여 마음이 찢어지는 것 같았다. 즉시 임금께 장계를 올리고, 삼도경상, 전라, 충청에 공문을 보내 이런 사실을 알렸다.

4월 17일, 궂은비 오다 갬

경상 우병마사 김성일이 공문을 보냈다. 왜적이 부산을 함락시킨 뒤 그대로 머물면서 물러가지 않는다는 내용이었다. 저녁 늦게 활 5순을 쏘았다. 앞서 근무를 섰던 수군과 새로 근무할 수군이 잇달아 방어 진지로 모여들었다.

4월 18일, 흐림

순찰사에게서 공문이 왔는데, 발포 권관은 이미 파직되

었으니, 임시 권관을 정하여 보내라는 거였다. 그래서 군관 나대용을 정하여 바로 보냈다.

오후 2시쯤에 경상 우수사의 공문이 왔다. 동래도 함락되고, 양산, 울산의 두 수령도 성으로 들어가 싸우다가 모두 패하였다고 하였다. 분하고 원통한 마음을 이루 다 말할 수 없었다. 경상 좌병사와 경상 좌수사가 군사를 이끌고 동래 뒤쪽까지 이르렀다가 급히 군사를 돌렸다고 하니 더욱 가슴이 아팠다.

4월 20일, 맑음

경상 관찰사 김수의 공문이 왔다. "왜적들이 몹시 사납고 기세가 너무나 커서 맞서 싸울 수가 없으니 전선을 정비하고 와서 구해 달라는 장계를 올렸다."라고 하였다.

깊이 생각해보기 **임진왜란이 일어났을 때 조선은 어땠나요?**

임진왜란이 일어나기 전에 왜의 사정을 살피고 온 황윤길은 왜가 조선을 침략할 수 있으니 대비해야 한다고 했지만, 김성일은 침략하지 않을 거라고 했어요. 결국, 조선 조정은 김성일의 의견을 받아들여 전쟁을 제대로 대비하지 못했어요. 그래서 임진왜란이 일어나자 제대로 싸우지도 못한 채 왜군에게 궁궐까지 빼앗기고 결국, 선조 임금은 도망가게 되었지요.

5월

5월 1일, 흐림

수군들이 본영 앞바다에 모두 모였다. 날은 흐렸지만 비는 오지 않고 남풍이 세게 불었다. 진해루에 앉아서 방답 첨사 이순신, 흥양 현감 배흥립, 녹도 만호 정운 등을 불러들였다. 이들 모두 몹시 분해하면서 목숨을 바쳐 나라를 지키겠다고 하니 정말로 의로운 부하들이다.

5월 2일, 맑음

남해를 순찰하고 돌아온 송한련이 말하길, "남해 현령 기효근, 미조항 첨사 김승룡, 상주포 만호, 곡포 만호, 평산포 만호 등이 왜적의 소식을 듣고 벌써 달아났고, 군기 같은 물자도 모두 흩어져 남은 것이 없습니다."라고 하였다. 참으로 놀랍고 기가 막힐 일이다.

정오쯤에 배를 타고 바다로 나가 진을 치고 여러 장수와 기꺼이 나가 싸울 것을 약속하였다. 낙안 군수 신호는 피하려는 것 같아 한숨이 나왔다. 그러나 군법이 있으니 뒤로 물러서거나 피할 수 없을 것이다.

5월 3일, 가랑비

오후에 광양 현감과 흥양 현감을 불러 이야기를 나누었는데 모두 분한 마음을 감추지 못했다. 전라 우수사 이억기가 수군을 끌고 와 함께 싸우기로 하였다. 판옥선이 오는 것을 보고 우수사가 오는 줄 알고 기뻐하였으나 방답의 배여서 실망했다.

녹도 만호 정운이 하는 말이 "우수사는 오지 않고 왜적이 점점 서울 가까이 다가가니 분통이 터집니다. 만약, 이 기회를 놓치면 후회해도 소용없을 것입니다."라고 하였다.

5월 4일, 맑음

먼동이 틀 때 출항했다. 곧바로 미조항 남해군 미조면 앞바다에 이르러 장수들과 다시 의논했다. 우척후 김인영, 우부장 김득광, 중부장 어영담, 후부장 정운 등은 오른편에서 개이도로 들어가서 적을 찾아 공격하게 하고, 나머지 대장선들은 평산포, 곡포, 상주포, 미조항을 지나갔다.

5월 29일, 맑음

전라 우수사 이억기가 오지 않아서 혼자 여러 장수를 거느리고 새벽에 떠나 곧장 노량에 이르렀다. 미리 와 있던 경상 우수사 원균이 사천 선창 경남 사천에 왜적들이 있다고 하였다. 바로 그곳으로 가 보니 왜적들은 땅으로 올라가서 산봉우리 위에 진을 치고 있었다. 산봉우리 밑에 배를 줄지어 매어 놓았는데 아주 단단해 보였다. 여러 장수에게 명령해서 일제히 달려들며 화살을 날리고, 총통을 바람과 우레 같이 쏘아 댔더니 적들이 겁을 먹고 물러났다.

겁에 질려 도망치는 왜적은 화살에 맞은 자가 몇백이나 되었고, 왜적의 머리도 많이 베었다. 군관 나대용이 탄환에 맞았고, 나도 왼쪽 어깨 위로 탄환이 등을 뚫고 나갔으나 심각하지는 않았다.

우리 병사 중에서도 탄환을 맞은 사람이 많았다. 왜선 13척을 불태우고 물러 나왔다.

깊이 생각해보기

옥포 해전은 어떤 전쟁이었나요?

1592년 5월 7일에 일어난 옥포 해전은 이순신 장군이 지휘하는 조선 수군이 옥포 앞바다에서 일본의 도도 다카노라의 함대를 무찌른 해전으로 임진왜란 중에 바다에서 싸운 첫 전투였어요. 전쟁을 준비해 온 이순신 장군은 병사들에게 "가벼이 움직이지 말고 태산같이 신중히 행동하라!"라고 명령했어요. 조선군은 이순신 장군을 믿고 목숨을 걸고 싸워 승리할 수 있었어요. 옥포 해전의 승리로 조선군은 자신감을 되찾을 수 있었답니다.

6월

6월 2일, 맑음

아침에 출발하여 당포에 도착하니 왜선 20여 척이 줄지어 있었다. 왜선을 둘러싸고 싸웠다. 왜선 중에 큰 배 한 척은 우리나라의 판옥선만 하였다. 배 위에는 누각을 꾸몄는데, 높이가 두 길약 2~3미터은 되겠고, 누각 위에는 우두머리인 왜장이 떡 버티고 앉아서 끄떡도 하지 않았다. 불화살과 크고 작은 승자총통을 마구 쏘아댔더니, 왜장이 화살에 맞고 떨어졌다. 그러자 모든 왜적이 놀라 흩어졌다. 여러 장졸이 일제히 모여들어 쏘아 대니, 화살에 맞아 거꾸러지는 자가 얼마나 많은지 그 수를 알 수 없을 정도였다. 공격을 계속 퍼부어 왜적을 하나도 남겨 두지 않았다.

6월 3일, 맑음

아침에 다시 여러 장수를 격려하여 개도를 공격하였다. 그러나 이미 적은 달아나버려 한 놈도 남아 있지 않았다. 고성 등지로 가 보니 우리 군사의 수가 너무 적고 약해 울분을 느꼈다.

6월 4일, 맑음

우수사 이억기가 오기를 애타게 기다리며 주위를 이리저리 걸어 다녔다. 정오가 되어 우수사가 여러 장수를 거느리고 돛을 올리고서 나타났다. 그 모습을 보고 모든 병사가 기뻐하였다. 군사들을 합치기로 거듭 약속한 뒤에 착포량_{경남 통영}에서 잤다.

6월 7일, 맑음

아침에 출발하여 영등포_{거제 구영리} 앞바다로 갔더니 왜선이 율포_{경남 거제시}에 있다고 하였다. 복병선을 보냈더니, 적선 다섯 척이 우리 군사를 먼저 알아채고 남쪽 넓은 바다로 달아났다. 우리 배들이 일제히 추격하여 사도 첨사 김완이 한 척을 통째로 잡고, 우후 이몽구도 한 척을 통째로 잡고, 녹도 만호 정운도 한 척을 통째로 잡았다.

깊이 생각해보기 — **한산도 대첩은 어떤 전쟁이었나요?**

1592년 7월 8일, 이순신 장군은 전라 우수사 이억기, 경상 우수사 원균과 합세해 55척의 배로 견내량에 이르렀어요. 이순신 장군은 한산도 앞바다의 지형을 이용해 전략을 세웠어요. 왜선을 한산도 앞바다로 유인해서 학이 날개를 펼친 모양과 같은 형태의 '학익진'으로 적의 배를 포위하여 공격했지요. 이순신 장군은 뛰어난 학익진 전법으로 왜군을 크게 무찔렀어요. 한산도 대첩은 진주 대첩, 행주 대첩과 함께 임진왜란의 3대 대첩으로 불려요.

8월

8월 24일, 맑음

오후 4시쯤 서둘러 노를 저어 노량 뒤쪽 바다에 이르러 닻을 내렸다. 자정쯤에 달빛 아래 배를 몰아 사천 모사랑포 사천 주문리에 다다르니 날이 밝았다. 그러나 새벽안개가 사방에 끼어서 바로 앞도 알아보기가 어려웠다.

8월 27일, 맑음

경상 우수사 원균과 의논하여 배를 거제 칠내도로 옮겼다. 웅천 현감 이종인이 왜적의 머리를 서른다섯이나 베었다고 하였다.

저물녘에 제포 경남 진해 웅천동, 서원포 경남 진해 원포동를 건너니, 밤 10시쯤이 되었다. 서풍이 차갑게 불어와서 마음이 편하지 않았다. 이날 밤은 꿈자리도 아주 어지러웠다.

제 2 장

계사일기

계사년 1593년
삼도수군통제사가 되다

웅포에서 7차례에 걸쳐 전투를 하였다.
6월에 견내량에서 2차 해전을 치르고
7월에는 여수에 있던 진영을 한산도로 옮겼다.
이순신 장군은 그동안의 능력을 인정받아
드디어 삼도수군통제사가 되었다.
전쟁이 없을 때는 농사, 고기잡이, 소금 굽기,
그릇 굽기 등을 하여 식량을 모았다.

2월 3일, 맑음

장수들이 거의 다 모였으나 보성 군수 김득광은 오지 않았다. 동쪽 윗방에 순천 부사, 낙안 군수, 광양 현감과 모여서 한참이나 의논하였다. 영남에서 옮겨온 귀화인 김호걸과 나장 김수남 등이 뇌물을 받고 명부에 오른 격군 80여 명이 도망갔는데도 잡아 오지 않았다. 그래서 군관 이봉수, 정사립 등을 몰래 보내 70여 명을 다시 잡아다가 각 배에 나눠주고, 김호걸, 김수남 등은 바로 처형하였다. 밤 8시쯤부터 비바람이 세차게 불어서 배들을 지키기 힘들었다.

2월 5일, 비 오다 갬

경칩이라 둑제 대장 앞에 세우는 깃에 지내는 제사를 지냈다. 보성 군수 김득광이 밤새워 육로로 달려왔으나, 약속한 시각을 어겼으므로 뜰 아래에 붙잡아 놓고 죄를 물었다. 그랬더니 명나라 군사를 접대하기 위해 강진, 해남 등의 관청에 불려갔었기 때문이라고 하였다. 이 역시 나랏일이므로 그 대장과 도훈도, 색리 등을 대신 나무랐다.

2월 10일, 흐리다 갬

오전 6시쯤에 출항하여 웅천과 웅포 경남 진해 에 도착해보니, 적선이 줄지어 있었다. 두 차례나 유인했으나, 이미 우리 수군에 겁을 먹고 나올듯 하다 돌아가 버려서 무찌르지 못하였다. 참으로 분한 일이다.

2월 12일, 흐리다 늦게 갬

삼도의 군사가 새벽에 모두 출항하여 곧장 웅천과 웅포에 이르렀더니, 왜적들은 어제와 같았다. 나아갔다 물러갔다 하며 유인했지만, 끝내 바다로 나오지 않았다. 두 번이나 뒤쫓았으나 무찌르지 못하여서 분하고 또 분하였다. 초저녁에 칠천도 거제 칠천도에 도착하면서부터 비가 쏟아지기 시작하더니 밤새도록 그치지 않았다.

2월 16일, 맑으나 바람이 세게 붊

영의정 정철이 사은사 중국 사절가 되어 북경에 간다고 하였다. 정원명을 시켜 여행에 필요한 물건을 적은 노비 단자를 사신에게 전하도록 하였다. 밤 10시쯤에 신환과 김대복이 임금의 전서, 교서 두 통과 부찰사의 공문을 가지고 왔다. '명나라 군사들이 바로 송도개성를 치고, 이달 6일에는 서울에 있는 왜적을 함락시켰다.'라고 하였다.

2월 18일, 맑음

이른 아침에 웅천으로 가 보니 적들은 그대로 있으면서 움직이지 않았다. 사도 첨사 김완을 복병장으로 정하여 여도 만호, 녹도 가장, 좌우 별도장, 좌우 돌격장, 광양 2호선, 흥양 대장, 방답 2호선 등을 거느리고 송도 경남 창원에 몰래 숨어있게 했다. 그런 뒤에 왜적을 유인하였더니 몇 척이 뒤따라 나왔다. 숨어있던 경상도 복병선 다섯 척이 재빨리 나와서 적을 쫓았다. 다른 복병선들도 돌진해 적선을 에워싸고 포를 쏘아 왜적을 헤아릴 수 없을 정도로 무찔렀다. 적장의 목을 베었더니 적의 기세가 크게 꺾여서 제대로 싸우지 못했다. 날이 저물기 선에 원포경남 진해로 가서 물을 긷고, 어둠을 틈타 영등포 뒤쪽 바다로 돌아왔다.

2월 22일, 흐리고 바람이 세게 붐

새벽에 바람이 거칠게 불었으나 적을 무찌르는 일이 급하여서 배를 띄웠다. 사화랑에서 바람이 잠잠해지기를 기다렸다가 다시 속력을 내서 웅천전남 여수으로 갔다. 삼혜와 의능 두 승장과 의병 성응지를 제포로 보내어 육지에 오르는 것처럼 꾸미고 우도의 배 중에서도 부실한 것들을 동쪽으로 보내어 역시 육지에 오르려는 것처럼 하였다.

왜적들이 당황하여 갈팡질팡할 때 전선을 모아 곧바로 뚫고 들어갔다. 세력이 나뉘고 약해진 적들을 모조리 무찌를 수 있었다. 발포전남 고흥와 가리포전남 완도의 배 두 척이 명령도 안 했는데 돌격하다가 얕고 좁은 곳에 걸려서 적에게 습격을 당하였다. 참으로 분하여 가슴이 찢어질 것만 같다.

얼마 뒤 진도의 지휘선이 적에게 포위되어 거의 구할 수 없게 되었는데, 우후가 들어가 구해냈다. 경상도의 좌위장과 우부장은 보고도 못 본 체하며 구하지 않았으니 이이가 있고 화가 났다. 이 때문에 경상 우수사 원균을 꾸짖었지만, 여전히 한탄스럽다. 오늘의 분함을 어찌 다 말할 수 있으랴! 돛을 펴고 소진포로 돌아와서 잤다. 아산에서 조카 뇌와 분 그리고 어머니의 편지가 왔다.

2월 28일, 맑음

새벽에 출발하여 가덕에 이르니 웅천의 적들은 두려워하면서 나오지 않았다. 우리 배가 김해강 경남 부산 아래쪽 독사리목으로 향하는데, 우부장이 이상한 일이 있다고 알려왔다. 그래서 여러 배가 돛을 펴고 가서 작은 섬을 에워쌌다.

경상 우수사의 군관과 가덕 첨사의 사후선 두 척이 섬 사이를 들락날락하고 있었다. 그 꼴이 너무 황당하므로 잡아서 경상 우수사 원균에게 보냈더니 크게 화를 냈다. 어부가 건진 사람의 머리를 찾아내 공적을 올리려고 했기 때문이었다.

깊이 생각해보기 — 명나라가 조선을 도와준 이유는 무엇일까요?

처음에 명나라 조정에서는 조선에 지원군을 보내는 걸 꺼렸어요. 명나라의 장관 석성이 왜가 쳐들어오는 걸 명나라보다는 조선에서 막을 경우에 병사들의 피해도 줄일 수 있고, 경제적으로 더 이득이라고 주장했어요. 자기들의 땅과 식량은 지키면서 조선에 큰소리도 칠 수 있다고 생각한 거지요.

3월

3월 2일, 비

온갖 생각이 가슴 속에서부터 치밀어 올라와서 마음이 어지러웠다. 이영남, 이여념이 와서 원균의 옳지 못한 일에 대해서 말하는 걸 들으니, 참으로 답답하여 한숨이 절로 나왔다.

3월 6일, 맑음

새벽에 출전하여 웅천에 이르니, 적들이 땅으로 달아나 산 중턱에 진을 치고 있었다. 우리 군사들이 쇠 탄환과 편전을 비 오듯 쏘아대니 죽은 자가 매우 많았다. 포로로 잡혀갔던 사천 여인 한 명을 구해 왔다.

3월 10일, 맑음

아침에 배를 띄워 사량으로 향하였다. 행재소 피난 간 임금의 임시 거처 에서 나온 사람이 와서 전하기를, "명나라 군사들이 이미 개성까지 왔는데, 연일 비가 오기 때문에 행군하기가 어려워 날이 개면 서울로 들어가기로 약속하였습니다."라고 하였다. 이 말을 듣고는 기뻐서 어쩔 줄 몰랐다.

5월

5월 2일, 맑음

선전관 이춘영이 임금이 내린 글을 가져왔는데, 도망가는 적을 막고 죽이라는 것이었다. 보성 군수 김득광, 발포 만호 황정록 두 장수는 오고, 다른 여러 장수는 모이는 날짜를 미루었기 때문에 모이지 않았다.

5월 4일, 맑음

오늘은 어머니 생신이다. 그러나 왜적을 물리치는 일 때문에 찾아뵙지도 못하고 축하드리는 술잔도 올리지 못했다. 평생 한으로 남을 것이다. 우수사, 군관들과 함께 진해루에서 활을 쏘고 나서 순천 부사도 모여 군사 일을 의논하였다.

5월 6일, 비

아침에 친척 신정과 조카 봉이 해포_{충남 아산}에서 찾아왔다. 늦게 큰비가 퍼붓듯이 내리더니 온종일 그치지 않았다. 시내와 개울의 물이 불어나서 가득 찼다. 농민들이 바란 것이니 얼마나 다행인지 모른다.

5월 10일, 흐림

아침에 배를 띄워 견내량에 이르렀다. 흥양 군사 중에 문제가 있는 장수의 죄를 정해서 처리하였다. 우수사와 가리포 첨사도 함께 모여서 작전을 짰다. 선전관 고세충이 부산으로 가서 후퇴하는 왜적을 모두 무찌르라는 임금의 교지를 가지고 와서 전하였다. 봉사 윤제현이 본영에 도착했다는 편지가 와서 그곳에 머물러 있으라고 답장을 보냈다.

5월 12일, 맑음

본영의 탐후선이 순찰사의 공문과 명나라 병부시랑 송응창의 문서를 가지고 왔다. 명나라에 보낼 말 다섯 필을 보내라는 공문도 왔기에 병방 진무를 보냈다. 늦게 경상 우수사 원균과 선전관 성문개가 와서 피란 중에 계신 임금의 사정을 자세히 전해 주었다. 터져 나오는 울음을 참지 못했다. 새로 만든 정철총통쇠총을 비변사로 보내면서 흑각궁, 과녁, 화살을 넉넉하게 보냈다.

5월 16일, 맑음

아침에 적량 만호 고여우, 감목관 이효가, 이응화, 상응표 등이 찾아와서 만났다. 가 관청에 공문과 소장을 써 보냈다. 조카 해와 아들 회가 돌아갔다.

몸이 몹시 불편하여서 베개를 베고 누워 신음하고 있는데, 명나라 장수가 중도에 오래 머무르는 것은 교묘한 꾀를 부리는 거라는 소리를 들었다. 나라의 앞날이 걱정인데 일마다 이러하니, 한숨이 절로 나오고 눈물이 앞을 가렸다.

5월 17일, 맑음

새벽에 바람이 몹시 거세게 불었다. 변존서가 병 때문에 돌아갔다. 경상 우수사 원균이 군관을 시켜서 진양의 보고서를 보내왔다. 명나라 제독 이여송이 충주에 있는데도 왜적들이 사방에서 사람을 죽이고 불을 지르며 백성들을 약탈한다는 것이었다. 분하고 또 분하였다.

종일 바람이 거세게 불어서 마음도 어지러웠다. 고성 현령이 군관을 보내어 안부를 묻고, 약술과 소고기 음식 그리고 꿀통을 보내왔다. 상을 치르는 중이라 받는 것이 미안하지만 현령의 간절한 마음을 생각해서 되돌려 보내지 않고 군관들에게 나누어 주었다. 몸이 몹시 불편하여 일찍 선실로 들어왔다.

5월 18일, 맑음

몸이 좋지 않아서 환약 네 알을 먹었다. 아침을 먹은 뒤에 설사를 하고 나니 몸이 조금 편안해졌다.

종 목년이 와서 어머니께서 평안하시다고 하였다. 답장을 써서 미역 다섯 동 미역 1동은 10가닥 과 함께 집으로 보냈다. 전주 부윤 권율이 공문을 보냈는데, 순찰사와 절제사까지 겸하게 되었다는 내용이었다. 그러나 도장이 찍히지 않아 이상하였다.

5월 24일, 비가 오락가락함

아침에 거제 앞 칠천량 바다 어귀로 진지를 옮겼다. 나대용이 사량 뒤쪽 바다에서 명나라 관원을 발견하고 달려와서 명나라 관원과 통역관 표헌, 선전관 목광흠이 함께 온다고 전하였다.

명나라 관원 양보가 진문에 도착했을 때 좌별도장 이설을 마중 보내어서 배까지 안내했더니 매우 기뻐하였다. 황제의 은혜에 거듭 감사하다고 인사하면서 우리 배에 올라와 마주앉기를 권하였으나 사양해서 한참 동안 서서 이야기하였다. 우리 전함의 기세가 대단하다고 칭찬하였다. 예물을 전하자, 처음에는 사양하다가 나중에는 받아들고 매우 기뻐하며 감사하다고 하였다.

5월 25일, 맑음

명나라 관원과 선전관은 어제 마신 술이 깨지 않은 모양인지 일어나지 않았다. 통역관 표헌을 오라고 해서 명나라 장수가 무엇을 하려는지 물어보았다. 그랬더니 명나라 장수의 뜻이 무엇인지는 잘 모르겠지만, 왜적을 쫓아 보내려는 것 같다고 하였다. 그리고 송 시랑이 수군의 상황을 알아보기 위해서 정탐꾼을 보낸 것인데, 조선 수군의 위세가 대단하여 기쁘다고 하였다.

5월 27일, 비바람

비바람에 배가 부딪칠까 봐 걱정이 되어서 유자도로 진을 옮겼다. 경상 병마사 최경회의 답장이 왔는데, 원균이 송응창이 보낸 화공 무기인 화전을 혼자서 쓰려고 계책을 꾸몄다고 한다. 참으로 우스운 일이다. 전라 병마사 선거이의 편지도 왔는데, 창원의 적들을 오늘 물리치려고 하였는데, 비가 개지 않아서 나아가지 못하였다고 하였다.

깊이 생각해보기 — 선조 임금은 왜 궁을 버리고 피난을 갔을까요?

전쟁에 대해 대비가 부족하여 왜군에 대한 정보도 없고, 제대로 훈련받은 군사도 없이 왜군이 한성으로 쳐들어오자 일단 몸을 피하여 다음 일에 대비하려고 했어요. 평양성으로 갔다가 왜군에 쫓겨 다시 의주로 피신했다가 명나라의 도움으로 한성을 되찾았어요.

6월 3일, 맑다가 늦게 비가 내림

지휘선에 연기를 그을리기 위해 좌별선으로 옮겨 탔다. 활쏘기를 막 시작하려는데, 비가 많이 왔다. 온 배에 비가 새어서 마른 곳을 찾을 수 없었다. 한숨이 절로 나왔다.

날이 저물 무렵에 순찰사 권율, 순변사 이빈, 병사 선거이, 방어사 이복남 등에게서 답장이 왔는데, 각각 어려운 사정이 많았다. 각 도의 군사와 말이 많아야 5천을 넘지 못하고, 식량도 거의 다 떨어졌다고 하였다. 왜적들의 독기는 날로 지독해지는데 이렇게 부족한 게 많으니 어찌하랴!

6월 8일, 맑다가 바람

경상 우수사 우후 이의득이 군관을 통해 전복을 보내왔기에 구슬 30개를 답례로 보냈다.

나대용이 병이 나서 본영으로 돌아갔다. 병선 진무 유충서도 병세가 심해서 육지로 올려보냈다. 각 고을의 담당 서리 11명을 처벌하였다. 전년부터 옥과 전남 곡성의 향소 수령 보좌 기관는 군사를 제대로 관리하지 않아서 병사가 거의 백여 명이나 모자라게 되었는데도 계속 거짓으로 대답하였다. 그래서 잡아다가 목을 베었다. 거센 바람이 그치지 않았다. 마음은 괴롭고 어지러웠다.

6월 9일, 맑음

수십 일 동안 내리던 궂은비가 비로소 그쳐서 진중의 병사들이 모두 기뻐하였다. 순천 부사, 광양 현감이 와서 고기를 바쳤다. 몸이 불편하여 온종일 배에 누워 있었다. 접반관外國 사신을 접대하는 벼슬의 공문이 도착하였는데, 명나라 제독 이여송이 충주에 다시 왔다는 소식이었다. 지방의 의병 성응지가 돌아올 때 본영의 군량미 50섬을 싣고 왔다.

6월 10일, 맑음

전라 우수사 이억기와 가리포 첨사 구사직 그리고 순천 부사가 와서 군사 계책을 의논하였다. 비 가리개 뜸을 20닢 짰다.

저녁에 영등포의 망보는 군사가 와서 웅천의 왜선 네 척이 일본으로 돌아갔고, 김해 어귀에 왜선 110여 척이 나타났는데, 19척은 일본으로 돌아가고, 그 나머지는 부산으로 갔다고 보고하였다. 새벽 2시쯤에 원균으로부터 '내일 새벽에 나아가 싸우자'는 공문이 왔다. 겉과는 다르게 음흉하고 시기하는 속마음이 고스란히 보였다. 그리하여 바로 대답하지 않았다.

6월 13일, 맑음

늦게 잠깐 비가 오다가 그쳤다. 명나라 사람 왕경과 이요가 와서 조선 수군이 얼마나 강한지 살펴보았다. 그들이 말하길, "명나라 제독 이여송이 왜적과 싸우지 않아서 명나라 조정으로부터 문책을 당했습니다."라고 하였다. 그들과 이야기하는 중에 못마땅하고 분한 것이 많았다. 저녁에 거제도 세포로 진을 옮겨 머물렀다.

6월 16일, 잠시 비가 옴

저녁 늦게 낙안 군수를 통하여 진해의 보고서를 읽었다. "함안 각 도의 대장들이 '왜놈들이 황산동에 나가 진을 쳤다'는 소문을 듣고 모두 물러나 진양과 의령을 지킨다."라고 하니, 참으로 놀라운 일이다. 초저녁에 영등포의 망보는 군인이 와서, "김해와 부산에 있던 500여 척의 왜선이 안골포, 웅포, 제포 등지로 들어왔습니다."라고 하였다. 다 믿을 수는 없지만, 왜군들이 세력을 모아서 옮겨 다니며 침범할 수도 있을 것이다. 이에 우수사 이억기와 수사 정걸에게 공문을 보냈다.

밤 10시쯤에 대금산의 망보는 군인이 와서 보고한 것도 같았다. 송희립을 경상 우수사 원균에게 보내어 의논하니, 내일 새벽에 수군을 거느리고 오겠다고 하였다. 적의 계획이 무엇인지 헤아리기 어렵다.

6월 22일, 맑음

전투선을 만들기 시작했는데 목수만 214명이다. 물건 나르는 일은 본영에서 72명, 방답에서 35명, 사도에서 25명, 녹도에서 15명, 발포에서 12명, 여도에서 15명, 순천에서 10명, 낙안에서 5명, 흥양과 보성에서 각 10명이 하였다. 방답에서는 처음에 15명을 보냈기에 군관과 아전을 불러서 죄를 따져 물었다.

6월 25일, 종일 비

우수사 이억기와 함께 어떻게 왜적을 물리쳐야 하는지 의논하였다. 가리포 첨사도 오고 경상 우수사 원균도 와서 함께 말하였다. 소문에 진주성이 포위되었는데도 왜군이 진격해 들어가지 못한다고 했다. 매일 내리는 비에 적들이 물에 막혀 날뛰지 못하니, 이것은 하늘이 호남 지방을 돌보고 있는 것이다. 낙안에 군량 130섬 9말을 나누어 주었다. 순천 부사 권준이 200섬을 바치어 벼를 찧어 쌀을 만들었다고 한다.

6월 26일, 비가 오고 바람이 셈

아침에 복병선이 와서 보고하기를 적의 중간 배와 작은 배 한 척이 오양역 앞까지 이르렀다고 하였다. 호각을 불어 닻을 올리게 하고 모두 적도로 가서 진을 쳤다. 순천의 군량 150섬 9말을 받아 의능의 배에 실었다. 저녁에 김붕만이 적을 살피고 와서, "왜적들이 동문 밖에서 진을 합쳤는데, 큰비가 매일 내려서 물에 가로막혀 오지도 가지도 못하고 있습니다. 게다가 큰물 때문에 식량과 구원병을 받지 못하니, 만일 대군이 협력해서 공격한다면 한 번에 무찌를 수 있습니다."라고 하였다. 적군은 이미 양식이 떨어졌다고 하니 우리 군사는 편히 앉아서 고달픈 적을 상대하는 셈이다. 이럴 때는 백번 싸워도 백번 승리할 수 있다. 하늘이 우리를 도와주고 있으니 왜적이 오백, 육백 척을 합해서 오더라도 우리 군사를 당해낼 수 없을 것이다.

7월 1일, 맑음

인종의 제삿날이다. 밤기운이 몹시 서늘하여서 잠을 자지 못하였다. 홀로 뜸 밑에 앉아 있으니, 나라의 앞날이 점점 더 걱정되어서 수많은 생각이 떠올랐다. 초저녁에 선전관이 임금이 내린 교지를 가지고 왔다.

7월 7일, 맑음

순천 부사, 가리포 첨사, 광양 현감과 의논하여 각각 가볍고 날랜 배 15척을 뽑아 견내량 등지로 보내어 탐색하였더니 왜적이 보이지 않았다. 거제에 잡혀있던 포로를 데려와서 왜적에 관해 물으니, "왜적들이 우리 배의 위세를 보고 후퇴하여 돌아가려고 한다."라고 하였다. 또 말하기를, "진양은 이미 함락되었지만, 어찌 전라도까지 넘어갈 수 있겠소?"라고 하였다. 이 말은 우리를 안심시키기 위한 거짓말이다. 우수사 이억기가 내 배로 와서 함께 이야기하였다.

7월 9일, 맑음

남해 현령이 와서 이미 광양, 순천이 왜적에 의해서 모두 불타 버렸다고 하였다. 이 소식을 들으니 뼛속까지 아파서 말을 할 수가 없었다. 서늘한 바람이 불어와서 홀로 뱃전에 앉아 있는데, 온갖 걱정이 가슴을 가득 채웠다. 밤 1시쯤에 본영의 탐후선이 들어와서 적의 소식을 전하는데, 실은 왜적들이 아니고 영남의 피난민들이 왜군 차림을 하고 광양으로 들어가서 마구 노략질을 한다는 것이었다. 그나마 왜적이 아니라서 다행이었다. 진주에 관한 일도 헛소문이라고 하였지만, 진주 일만은 절대로 그럴 리가 없다. 닭이 벌써 울었다.

7월 13일, 맑음

도망친 거북선의 격군 종 태수를 붙잡아서 처형시켰다. 늦게 가리포 첨사가 와서 만났다. 흥양 현감이 들어와서 두치의 거짓 소문과 장흥 부사 유희선이 겁내었던 일을 말했다. 그는 또 자기 고을인 산성(전남 고흥) 창고에 있던 곡식을 백성들에게 남김없이 나누어 주었고, 게포에 흰콩과 중간 콩을 40섬 보냈다고 하였다. 그리고 행주산성 싸움에서 크게 승리하였다고 전하였다.

초저녁에 우수사가 초대하여서 그의 배로 가 보았더니, 가리포의 영공이 먹음직한 음식물을 차려 놓았다. 새벽 3시가 넘어서 헤어졌다.

7월 19일, 맑음

이경복이 병마사에게 갈 편지를 가지고 떠났다. 순천 부사와 이영남이 와서 진주, 하동, 사천, 고성 등지에 있던 적들이 모두 도망갔다고 전하였다. 저녁에 공양 현감이 진주에서 죽은 병사들의 명부를 보내왔는데, 이를 보니 비참하고 원통하여 가슴이 찢어졌다.

7월 28일, 맑음

경상 우수사 원균, 충청 수사 정걸, 전라 우수사 이억기와 함께 적을 어떻게 물리칠지 의논하였다.

원균이 속임수를 쓰는 것이 아주 형편없었다. 사도 첨사 김완이 사로잡은 어민 10명이 왜군 옷으로 변장한 것이 수상하여 따져 물었더니 경상 우수사 원균이 시킨 것이라고 하였다. 곤장 10여 대씩 때린 다음에 놓아 주었다.

깊이 생각해보기 — 행주 대첩은 어떤 전투였나요?

권율 장군이 행주산성에서 왜군과 싸워 크게 승리한 전투예요. 권율 장군은 1593년 2월에 명나라 군사를 합친 1만여 병력을 행주산성에 모이게 하여 전쟁에 철저하게 준비했어요. 왜군이 아홉 차례에 걸쳐 종일토록 공격을 퍼부었지만, 산성을 지키고 왜군을 물리쳤어요. 행주 대첩의 승리로 먹을 것이 부족해진 왜는 한성을 버리고 남쪽으로 도망갔어요.

8월 2일, 맑음

마음이 답답해서 닻을 올려 포구로 나갔다가 저녁이 되어서야 돌아왔다. 저물녘에 우수사 이억기가 와서, 경상 우수사 원균이 방답 첨사 이순신이 부모를 뵈러 가게 해 달라고 간청했는데도 보내주지 않았다면서 도리에 어긋나는 짓을 많이 한다고 하였다.

아침부터 아들 염의 병세가 어떤지 모르는 데다가 적을 소탕하는 일도 늦어지고 마음의 병도 깊어서 밖으로 나가 마음을 풀고자 하였다. 탐후선이 들어와 전하기를 아들 염의 아픈 데에 종기가 생겨 침으로 쨌더니 고름이 흘러나왔다고 한다. 며칠만 더 늦었어도 고치기 어려웠을 거라고 했다. 놀란 마음에 한숨이 절로 나왔다. 지금은 기운을 차렸다고 하니 정말로 다행이었다. 의원 정종지의 은혜가 정말로 크다.

8월 9일, 맑음

아들 회가 들어와서 어머니가 평안하시다고 전하였다. 또, 아들 염의 병도 나아졌다고 하니 참으로 기쁘고 다행이다. 점심을 먹은 뒤에 우수사 이억기의 배에 가보니, 충청 수사 정걸도 왔다. 경상 우수사 원

균은 군사를 동시에 보내어 복병시키기로 약속해 놓고 먼저 보냈다고 한다. 괴상한 일이 아닐 수 없다.

8월 20일

아침을 먹고 난 뒤에 일하고 있는데 순천 부사, 광양 현감, 흥양 현감과 이응화가 왔다. 송희립이 제만춘을 문초한 공문을 가지고 순찰사에게 문안을 드리러 갔다.

좌우로 부대를 나누어 돌산도 근처에 살면서 떼를 지어 남의 재물을 약탈한 자들을 잡아 오도록 하였다.

저녁에 적량 만호 고여우가 와서 이야기를 나누다가 밤이 깊어서야 돌아갔다.

8월 25일, 맑음
꿈에 적의 모습이 보였다. 그래서 새벽에 잠이 깨자마자 각 도의 대장들을 바깥 바다로 보내 진을 치게 하였다. 해 질 무렵에 한산도 안쪽 바다로 돌아왔다.

8월 26일, 비가 오락가락함

경상 우수사 원균이 오고, 잠시 뒤에 우수사 이억기, 충청 수사 정걸도 왔다. 흥양 현감 배흥립이 와서 명절 제사 음식을 대접하는데, 원균이 술을 마시자고 하여 조금 주었다. 그랬더니 잔뜩 취해서 흉악하고 도리에 어긋나는 말을 함부로 지껄였다. 어이가 없고 기가 막혔다. 낙안 군수 신호가 도요토미 히데요시가 명나라 황제에게 보낸 글과 명나라 사람이 낙안 와서 적은 글을 보내왔다. 그 글을 읽고 나니 분해서 견딜 수가 없다.

8월 30일, 맑음

경상 우수사 원균이 또 와서 영등포로 가자고 재촉하였다. 자신이 거느린 배 25척은 감추어 두고 단지 일고여덟 척을 가지고 와서 이런 말을 하다니, 그의 마음 씀씀이와 일하는 것이 모두 이런 식이다.

깊이 생각해보기 — 삼도수군통제사란 무엇일까요?

1593년 8월 1일, 선조는 이순신 장군을 전라 좌수사 겸 삼도수군통제사로 임명했어요. 조선의 수군은 각 도의 수군절도사가 지휘했으나, 임진왜란이 일어나자 수군을 하나로 통합해야겠다고 생각해서 삼도수군통제사를 만든 거예요. 이순신 장군은 뛰어난 능력을 인정받아 삼 도의 수군을 거느리는 총사령관이 되었어요.

9월

9월 3일, 맑음

아침에 조카 봉이 와서 어머니께서 평안하시다는 소식과 본영의 일을 전하였다. 순찰사 이정암이 공문을 가져왔는데, 군사의 가족들에 관해서는 일체 간섭을 하지 말라는 거였다. 이것은 순찰사가 새로 부임하여 군의 사정을 잘 알지 못해서 하는 말이다.

9월 13일, 맑음

새벽에 종 한경, 돌쇠, 해돌 및 자모종 등이 돌아왔다. 저녁에는 종 금이, 해돌, 돌쇠 등이 돌아갔다. 양정언도 같이 돌아갔다. 저녁에 비바람이 크게 일어 밤새도록 그치지 않았는데 어떻게 돌아갔는지 모르겠다.

9월 14일, 비바람

종일 비가 내리고 바람이 세게 불었다. 홀로 배의 뜸 아래에 앉아 있으니 수많은 생각이 다 일어난다.

9월 15일, 맑음

오랑캐의 성질은 경박하고 사나우며 칼과 창을 잘 쓰고 배를 잘 알고 있다. 땅에 오르면 죽을 마음으로 칼을 휘두르며 돌진하니, 우리 병사들은 겁을 먹고 놀라서 달아나기 바쁘다. 그래서야 죽음을 무릅쓰고 맞서 싸울 수 있겠는가.

정철총통은 전쟁에서 중요하게 쓰였지만, 우리나라 사람들은 조작하는 방법을 잘 알지 못한다. 이제야 온갖 방법으로 만들어낸 조총은 왜군의 총통과 비교해도 성능이 뛰어나다. 명나라 사람들이 진중에 와서 사격 시험하는 것을 보고 잘 만들었다고 모두 칭찬하였다. 순찰사와 병사에게 견본을 보내어 같은 모양으로 넉넉히 만들도록 하고 다른 곳에는 공문을 돌려서 알렸다.

지난해에 변란이 일어난 뒤로 수군이 왜적과 수십 차례나 맞붙었는데 큰 바다에서 싸울 때면 항상 왜적들이 무너졌고 우리가 패한 적이 한 번도 없었다.

깊이 생각해보기 **오랑캐란 어떤 민족일까요?**

'오랑캐'란 두만강 일대의 만주 지방에 살던 여진족을 멸시하여 이르던 말이에요. 훗날 여진족은 청나라를 세워 명나라를 멸망시키고 조선을 침략해요. 《난중일기》에서 오랑캐는 야만적이고 깨우치지 못해 무식한 종족을 낮추어 말하는 것으로 왜군을 뜻해요.

제3장

갑오일기

갑오년 1594년
곽재우, 김덕령과 작전을 세워
왜적을 공격하다

이순신 장군은 매서운 추위에 고생하는 병사들을 위하여
잔치를 베풀었다.
3월에는 당항포 해전을 벌여서 왜적을 물리쳤다.
왜와 휴전 이야기가 오간다는 이유로 명나라 장수들은
싸우려 하지 않았고, 왜적은 백성들을 약탈하고 괴롭혔다.
9월에 왕에게서 싸우지 않는다는 유지를 받지만
이순신 장군은 사실과 다르다고 생각해 흔들리지 않았다.
10월에는 도원수 권율의 명령으로 의병장 곽재우, 김덕령과
힘을 합께해 영등포, 장문포에 있는 왜적을 공격하였다.

1월 1일, 비

   어머니와 함께 설을 쇠고 한 살을 더하게 되니 난리 중에 그나마 다행한 일이다. 군사를 훈련시키고 전쟁을 준비하기 위해 늦게 본영으로 돌아오는데, 비가 그치지 않았다.

1월 11일, 흐림

아침에 어머니를 뵈려고 배를 타고 바람을 따라서 바로 고음천_{전남 여수}에 도착하였다. 남의길, 윤사행, 조카 분과 함께 갔다. 어머니를 뵈려고 하는데 아직 주무시고 계셨다.

어머니를 부르니 놀라 깨어서 일어나셨다. 숨을 가쁘게 쉬시는 것을 보니 살아 계실 날이 얼마 남지 않은 것 같아서 눈물이 절로 났다. 그러나 말씀하시는 것은 또렷하고 틀리는 것이 없으셨다. 적을 물리치는 일이 급하니 오래 머물 수가 없었다.

1월 12일, 맑음

어머니께 인사를 드리러 가니, "잘 가거라. 부디 나라의 치욕을 꼭 씻어야 한다."라며 두세 번 타이르시며 조금도 헤어지는 슬픔을 내보이시지 않으셨다. 선창에 돌아오니 몸이 좋지 않아서 바로 뒷방으로 들어갔다.

1월 14일, 흐리고 바람

아침에 조카 뇌가 보낸 편지를 받아보니, 아산의 산소에서 설날 제사를 지내려고 하는데 200여 명이 패를 지어 몰려다니며 산을 둘러싸고 음식을 구걸하여서 제사를 뒤로 물렸다고 하였다. 참으로 슬프고 놀라운 일이다. 늦게 동헌에 나가서 장계를 작성하고, 승장 의능에게 천민의 신분을 벗게 해준다는 공문을 올렸다.

1월 15일, 맑음

이른 아침에 남의길과 여러 조카와 함께 이야기를 나누다가 동헌으로 나갔다. 동궁 광해군에게서 군사를 거느리고 가서 적을 물리치라는 내용의 공문이 내려왔다.

1월 18일, 맑음

새벽에 떠날 때는 역풍이 크게 불더니 창신도 경남 남해에 이르니 바람이 순하게 불었다. 돛을 올리고 사량에 이르니 다시 역풍이 불고 비가 내렸다.

사량 만호 이여념과 수사의 군관 전윤이 와서 만났다. 전윤이 말하기를, 수군을 거창으로 붙잡아 오려는데 권율 장군이 일을 막으려 했다고 하였다. 우스운 일이다. 예전부터 남의 공을 시기하는 것 같아 한숨이 절로 나왔다.

1월 20일, 맑으나 바람이 셈

옷을 갖춰 입지 못한 사람들이 거북이처럼 몸을 웅크리고 추위에 떠는 소리를 차마 듣지 못하겠다. 진해 현감은 명령을 거부하여 빨리 오지 않아서 꾸짖을 작정이었기에 만나 보지 않았다.

바람이 잠잠해지는 듯했지만 순천 부사가 들어올 일이 매우 걱정되었다. 식량도 도착하지 않으니 이 또한 걱정이었다. 병들어 죽은 사람들을 거두어 장사를 지내주라고 녹도 만호 송여종을 보냈다.

1월 21일, 맑음

아침에 본영의 노 젓는 격군 742명에게 술을 보내주어 먹게 하였다. 광양 현감 어영담이 들어왔다. 저녁에는 녹도 만호 송여종이 와서 보고하는데, 병들어 죽은 214명의 시체를 거두어서 묻었다고 한다.

적군에게 사로잡혔다가 도망쳐 나온 두 사람이 원균의 진영에 와서 적의 움직임을 상세히 이야기했지만 믿을 수가 없었다.

1월 27일, 맑음

배 만들 목재를 끌어오라고 새벽에 우후 이몽구를 보냈다. 동문 밖 해운대 근처와 미평 전남 여수 에 횃불을 든 강도가 들었다고 하였다. 놀랍고 안타까운 일이다. 스스로 항복해 온 왜놈을 잡아 왔기에 조사하였다. 저녁에 우리 군사가 지키고 있는 녹도에 왜적 다섯 명이 함부로 다니면서 총을 쏘기에 한 놈은 목을 베고, 나머지는 화살을 맞고 달아났다는 보고를 받았다. 우후의 배가 재목을 싣고 왔다.

1월 28일, 맑음

우후 이의득이 보고하기를, 명나라 유 제독이 군사를 돌려서 이달 25, 26일 사이에 올라간다고 하였다. 또, 위무사 장병을 위로하기 위해 파견된 관리 였던 홍문관교리 권협이 도내를 돌아본 뒤에 수군을 보러올 것이라고 하였다. 그리고 도적질한 이산겸 등을 잡아 가두고, 아산 온양 등지에서 날뛰는 화적 떼 90여 명을 잡아서 목을 베었다고 하였다.

저물녘에 비가 오기 시작하더니 밤새도록 주룩주룩 내렸다. 배를 만들기 시작하였다.

깊이 생각해보기 — 왜 왕세자 광해군이 명령을 내렸을까요?

선조가 명나라와 가까운 의주로 몸을 피한 사이에 왕세자였던 광해군은 경기도 이천에서 백성들을 위로하고 의병 활동을 지휘하면서 전쟁에 대비했어요.

2월

2월 1일, 맑음

청주에 사는 겸사복_{호위군사} 이상이 임금의 교지를 가지고 왔다. '경상 감사 한효순이 올린 장계에 의하면 좌도의 적들이 모여서 거제로 들어가 장차 전라도를 침범할 계획이니, 경이 삼도의 수군과 함께 적을 섬멸하라.' 하는 것이었다. 이경복, 노윤발, 윤백년 등이 도망가는 군사를 싣고 육지로 들어가는 배 여덟 척을 붙잡아왔다. 저녁에 가랑비가 내리더니 얼마 있다가 그쳤다.

2월 3일, 맑음

꿈에 한쪽 눈이 먼 말을 보았다. 무슨 징조인지 모르겠다.

밥을 먹고 나서 활터 정자에 올라서 활을 쏘았다. 거센 바람이 크게 일었다. 조방장 어영담이 왔는데, 반란을 일으킨 석늘의 소식을 전하였다. 걱정스러움과 분한 마음을 이기지 못하였다.

2월 4일, 맑고 바람

늦게 본영의 전투선과 거북선이 들어왔다. 동궁의 명령서를 강돌천

이 가지고 왔다.

각 관청과 포구에 공문을 작성하여 보냈다. 순천에서 온 보고 내용에는 '순찰사의 공문에 진중에서 과거시험을 치르자고 여쭌 것은 매우 잘못되었으니 다시 생각해야 한다.'라는 것이었다. 참으로 우스운 일이다. 조카 봉이 오는 편에 어머니가 평안하시다는 소식을 들으니 기쁘고도 다행이다.

2월 5일, 맑음

새벽꿈에 좋은 말을 타고 큰 산마루로 올라가니 산봉우리가 빼어나게 아름답고 구불구불 동서로 뻗어 있었다. 봉우리 위의 평평한 곳이 있어서 자리를 잡으려고 하다가 깨었다. 이것이 무슨 뜻인지 모르겠다. 또 어떤 미인이 손짓하는데, 나는 소매를 뿌리치고 응하지 않았다. 우스운 꿈이다.

아침에 군기시(병기 관리 관청)에서 활 100개와 활 만드는 데 쓸 벚나무 껍질 89장을 받았다. 일일이 세어서 확인한 뒤에 서명하였다.

도원수 권율의 답장이 왔는데, 명나라 장수 심유경이 벌써 왜적과

화해할 것을 결정했다고 한다. 그러나 왜적은 간사한 꾀를 잘 부리고 약삭빠르기 때문에 믿을 수 없다. 전에도 놈들의 꾀에 빠졌었는데, 또 이처럼 빠져드니 걱정스럽다.

2월 8일, 맑음

동풍이 세게 불고 날씨가 몹시 차다. 봉과 분이 배를 타고 떠난 것이 매우 걱정되어 밤새도록 잠을 이루지 못하였다.

아침에 순천 부사가 와서 말하기를, 고성 땅 소소포에 적선 50여 척이 드나든다고 하였다. 곧바로 제만춘을 불러 소소포의 뱃길과 지형이 어떤지 물었다.

2월 12일, 맑음

오전 10시쯤에 적도로 진을 옮겼다. 오후 2시쯤에는 선전관 송경령이 수군을 살펴보기 위해서 진에 도착하였다. 가져온 임금의 편지에는 '명나라 군사 10만 명과 은 300냥이 온다.'고 하였고, 다른 한 통에는 '왜적이 전라도를 칠 것 같으니 힘을 다하여 차단하고 적을 무찌르라.'고 하였다. 그 안의 비밀문서를 보니, '여러 해 동안 해상에서 나라를 위해 애쓰는 것을 내가 늘 잊지 못하니, 공이 있는 장병으로서 아직 큰 상을 받지 못한 자들을 보고하라.' 하는 것이었다.

선전관은 영의정 류성룡의 편지도 가지고 왔다. 위에서 밤낮으로 염려하며 애쓰는 일을 들으니 감격스럽고 한없이 그리웠다.

2월 13일, 맑음

오후 6시쯤에 첫 나발을 불고 배를 띄워 한산도로 돌아오니, 원균의 군관 제홍록이 말하기를 적선 여덟 척이 춘원포에 들어와 있으니 먼저 공격할 만하다고 하였다.

그래서 곧장 나대용을 경상 우수사 원균에게 보내어 '작은 이익을 보고 들이친다면 큰 이익을 이루지 못할 것이니, 아직 가만히 두었다가 적선이 많이 모이는 것을 보고 기회를 엿보아서 무찌르자.'고 전하였다.

2월 21일, 맑음

몸이 몹시 불편하여 종일 신음하였다. 오후 6시쯤에 벽방^{경남 통영}에서 망보는 장수 제한국이 와서 고하기를, '구화역^{경남 통영} 앞바다에 적선 여덟 척이 들어왔다.'라고 하였다. 즉시 삼도에 진격하자고 전령을 보내고 원균의 군관 제홍록의 보고가 오기를 기다렸다.

깊이 생각해보기

이순신 장군은 왜 자신의 신영 안에 무과를 설치했을까요?

1594년과 1596년 두 차례 한산도 진중에서 무과시험을 실시하여 90여 명의 병사에게 벼슬을 주었어요. 이순신 장군은 조정의 반대에도 불구하고 자신의 부하들을 챙겨 대우해 주려고 했어요.

3월

3월 3일, 맑음

아침에 임금께 문서를 올려보내고 활터에 있는 정자에 가서 앉았다. 우후 이의득이 와서 말하기를 수군이 적을 많이 잡아 오지 못한 일로 경상 우수사가 매질을 하고 또 발바닥까지 치려고 했다는 것이다. 참으로 기가 막힌 일이다.

오후 6시쯤에 벽방에서 망보는 장수 제한국이 왜선 여섯 척이 오리량경남 창원, 당항포 등지에 들어와 흩어져 있다고 보고하였다. 그래서 바로 수군을 모아 흉도경남 거제 앞바다에 진을 치게 하고, 정예선 30척은 우조 방장 어영담이 거느리고 적을 무찌르도록 하였다.

3월 4일, 맑음

새벽 2시쯤에 배를 출발시켜 진해 앞바다에 이르렀다. 왜선 여섯 척을 뒤쫓아 불태우고 저도경남 거제에서 두 척을 불태웠다. 또, 소소강고성 두호리 하천에 왜선 14척이 들어왔다고 하여 조방장과 경상 우수사 원균에게 나가 쳐부수라고 명령하였다. 고성 땅 아자음포고성 동해면에서 진을 치고 밤을 지냈다.

3월 5일, 맑음

겸사복 윤붕을 당항포로 보내어 적선을 쳐부수고 불태웠는지를 알아보게 하였다. 조방장 어영담이 급히 보고하기를, "적들이 우리 군사들의 위엄을 두려워하여 밤에 도망갔기에 빈 배 17척을 남김없이 부수었습니다."라고 하였다.

3월 6일, 맑음

새벽에 망보는 군사가 와서, 적선 40여 척이 청승_{경남 거제}으로 건너온다고 하였다. 당항포의 왜선 21척은 모두 불태워 버렸다는 긴급 보고도 들어왔다.

남해 현감 기효근이 보고하기를, 명나라 군사 두 명과 왜놈 여덟 명이 패문_{아랫사람에게 보내는 공문}을 가지고 왔기에 올려보낸다고 하였다. 패문을 살펴보았더니 명나라 장수 담종인이 보낸 것으로 '왜군을 치지 말라_{금토패문}'는 글이었다.

3월 7일, 맑음

몸이 몹시 불편하여 뒤척이는 것조차 어려웠다. 아랫사람을 시켜 패문에 대한 답시를 쓰라고 했는데 글꼴이 말이 아니었다. 경상 우수사가 손의갑을 시켜 지어 보내게 하였지만, 그 역시 적당하지 못하였다. 나는 아픈 몸을 억지로 일으켜 앉아 글을 짓고, 정사립에게 옮겨 써서 보내라고 하였다.

3월 25일, 맑음

흥양 현감과 보성 군수가 나갔다. 왜놈에게 사로잡혔던 아이가 왜의 진중에서 명나라 장수 담종인의 문서를 가지고 왔기에 흥양 현감에게 보냈다.

늦게 활터 정자에 올라갔는데 몸이 몹시 불편하여 일찍 숙소로 내려왔다. 저녁에 여필과 아들 회, 변존서, 신경황이 와서 어머니가 평안하시다는 이야기를 들려주었다. 선산이 모두 들불에 타 버려 끌 사람이 없었다는 말에 몹시 슬펐다.

3월 29일, 맑음

탐후선이 들어왔는데 어머니가 평안하시다고 하였다. 웅천 현감, 하동 현감, 소비포 권관 등이 와서 만났다. 장흥 부사, 방답 첨사도 와서 만났다. 저녁에 여필과 봉이 같이 돌아갔다. 봉이 몹시 아파서 돌아간 것이 밤새도록 걱정되었다.

깊이 생각해보기

명나라 장수가 '금토패문'을 보낸 까닭은 무엇일까요?

'금토패문'은 더 이상 왜군과 싸우지 말라는 명령 문서예요. 명나라 장수 담종인은 왜군의 꼬임에 넘어가서 왜군이 돌아갈 거로 생각했어요. 그러나 이순신 장군은 왜가 간사스러워 믿을 수 없다고 항의했어요.

4월

4월 3일, 맑음

오늘 여제_{제사를 받지 못하는 넋과 병을 퍼뜨리는 귀신에게 지내는 제사}를 지냈다. 삼도의 군사들에게 술 1천 80동이를 주어 마음껏 먹도록 했다. 우수사와 충청 수사도 같이 앉아 군사들과 먹었다. 날이 저물어서야 내려왔다.

4월 9일

아침에 시험을 마치고 합격자 이름을 써서 방을 붙였다. 큰비가 왔다. 조방장 어영담이 세상을 떠났다. 이 슬픔을 어찌 말로 할 수 있으랴!

4월 13일, 맑음

순무어사 조선 시대 특사가 전투 훈련하는 것을 보고 싶어 하므로 죽도 바다 가운데로 나가서 연습하였다. 선전관 원사표, 의금부 도사 금오랑, 김제남이 충청 수사 구사직을 잡아갈 일로 왔다.

4월 18일, 맑음

새벽에 도망쳐 돌아온 사람들에게 왜적의 정세를 자세히 물으니, 대마도주 소 요시토시는 웅천 땅 입암에 있고, 고시니 유키나가는 웅포에 있다고 하였다. 충청도 새 수사 이순신과 순천 부사 및 우후 이정충이 오고, 늦게 거제 현령 안위가 왔다. 저녁에 비가 오더니 밤새도록 그치지 않았다.

4월 29일, 맑음

몸이 나아진 것 같다. 아들 면이 들어왔다. 오늘 우도에서 전쟁하느라 애쓴 삼도의 군사들에게 술을 내려 마실 수 있도록 하였다.

깊이 생각해보기 — 전쟁 중에 여제를 지내는 이유는 무엇일까요?

'여제'란 제사를 못 받는 귀신이나 돌림병을 옮기는 귀신에게 올리는 제사예요. 조선 시대에는 억울한 귀신들이 산 사람에게 나쁜 짓을 하지 못하도록 제사를 지내 위로하도록 했어요.

5월 4일, 흐리고 비바람

경상 우수사의 군관이 왜적 세 명이 배를 타고 추도_{통영시산양읍}에 온 것을 붙잡았다고 하기에 끌고 오라고 하였다. 왜적들은 바람을 따라 저희 나라로 가다가 바다 한가운데서 폭풍을 만나 떠다니다가 그 섬에 댄 것이라고 하였다. 간교한 왜놈들의 말을 믿을 수 없었다.

5월 5일, 비바람

비바람에 지붕이 세 겹이나 뜯어져 조각조각 높이 날아가고 빗발은 삼대 같이 내려 몸을 가리지 못했다. 오후 2시쯤에 큰 비바람이 조금 그쳤다. 발포 만호 황정록이 떡을 만들어 보내왔다. 탐후선이 들어와서 전하길, 어머니가 평안하시다 하니 참으로 다행이다.

5월 10일, 비

새벽에 일어나 창문을 열고 멀리 바라보니, 수많은 우리 배들이 바다에 떠 있었다. 적이 쳐들어온다 해도 모두 무찌를 수 있을 것이다. 늦게 우후 이정충과 충청 수사 이순신이 와서 수박_{맨손 무술}을 하였다.

5월 16일, 흐리고 가랑비

저녁에는 큰비가 내렸는데 밤새도록 지붕이 새서 마른 데가 없다. 배에 있는 병사들이 지내기 괴로울까 매우 걱정되었다. 곤양 군수 이광악이 편지를 보냈고, 사명당 유정이 적진을 오가면서 기록한 것을 보내왔다. 이를 보니 말로 할 수 없을 정도로 분통하다.

5월 29일, 비 오다 늦게 갬

장모님의 제삿날이라 나랏일을 보지 않았다. 저녁에 진도 군수 김만수가 돌아간다고 하였다. 웅천 현감 이운룡, 거제 현령 안위, 적량 첨사 고여우가 와서 만나고 돌아갔다. 저물녘에 정사립이 말하길, '남해 사람이 배를 가지고 와서 순천 격군을 싣고 간다'고 하여 그들을 붙잡아서 가두었다.

깊이 생각해보기 — 수박을 겨루게 한 이유는 무엇일까요?

수박은 아주 오래전부터 해온 맨손으로 하는 조선의 전통 무술이에요. 이순신 장군은 게임 형식을 빌려 서로 겨루게 함으로써 병사들의 건강을 챙기고 무술 실력을 키웠어요.

6월

6월 4일, 맑음

충청 수사, 미조항 첨사 김승룡 및 웅천 현감 이운룡이 찾아와서 만났다. 저녁에 겸사복이 유지 임금의 명령을 적은 문서를 가지고 왔다. 수군의 여러 장수와 경주의 여러 장수가 서로 협력하지 않으니, 이제부터는 예전의 일을 모두 잊고 사이좋게 지내라는 내용이었다. 참으로 부끄럽고 죄송스러웠다. 이것은 경상 우수사 원균이 술에 취하여 쓸데없는 말을 지껄였기 때문이다.

6월 5일, 맑음

급창 관아의 명령을 소리 내 전달하는 하인 금산과 그 처자 등 세 명이 돌림병으로 죽었다. 3년 동안 그들을 의지하며 함께 했는데, 하루 저녁에 죽으니 이렇게 슬프고 괴로울 수가 없다. 무밭을 갈았다. 송희립, 낙안 군수, 흥양 현감, 보성 군수가 군량을 독촉할 일로 나갔다.

6월 11일, 맑음

쇠라도 녹일 것처럼 더웠다. 아침에 아들 울을 본영으로 떠나보내고

나니 쓸쓸하고 허전하였다. 홀로 빈집에 앉아있으니 참으로 외롭고 슬펐다. 저녁 바람이 몹시 사나워져 더 걱정되었다.

충청 수사가 와서 활을 쏘고 저녁밥을 같이 먹었다. 달빛 아래에서 함께 이야기하는데 옥피리 소리가 처량하게 들려왔다. 오랫동안 함께 앉아 있다가 헤어졌다.

6월 15일, 맑다가 비

신경황이 영의정 류성룡의 편지를 가지고 왔다. 나라를 걱정하는 마음이 이보다 더한 사람은 없을 것이다. 윤우신이 세상을 떠났다는 소식을 들었다. 슬픔으로 마음이 찢어질듯 하였다.

순천 부사와 보성 군수가 보고하기를 명나라 장수 장홍유가 명나라 배에 백여 명을 거느리고서 바닷길을 거쳐 벌써 진도 벽파정에 이르렀다고 하였다. 날짜를 따져보면 오늘내일 중에 도착해야 하는 것인데 맞바람이 불어 닷새째 꼼짝을 못하고 있다.

밤에 소나기가 흡족하게 내리는 것을 보니 하늘이 백성을 가엽게 여긴 것이다.

아들의 편지가 왔는데, 잘 도착했다고 하였다. 또한, 아내의 언문 편지에는 아들 면이 더위를 먹어서 심하게 앓았다고 하였다. 그 소식을 들으니 애가 타고 가슴이 답답하였다.

6월 17일, 맑음

저녁에 우수사와 충청 수사가 와서 조용히 이야기하였다. 탐후선이 들어왔는데, 어머니가 평안하시다고 한다. 그러나 아들 면이 많이 아프다고 하니 몹시 걱정스러웠다.

6월 22일, 맑음

할머니의 제삿날이라 동헌에 나가지 않았다. 삼복더위가 전보다 훨씬 더하여 큰 섬이 찌는 듯하니 사람들이 매우 고통스러워했다. 몸이 몹시 불편하여 밥을 두 끼나 먹지 않았다. 초저녁에 소나기가 내렸다.

6월 23일, 맑음

늦게 소나기가 내렸다. 우후 이몽구가 군량을 독촉할 일로 나갔다. 견내량에서 사로잡은 왜놈에게 적에 관해 물어보았다. 또, 무엇을 잘 하는지 물었더니 화약 굽는 것과 총 쏘는 것을 다 잘한다고 하였다.

깊이 생각해보기 — 제삿날에는 왜 나랏일을 하지 않았나요?

조선은 유교를 국가의 통치 이념으로 생각했어요. 유교는 '예'를 으뜸으로 생각했기 때문에 조상을 잘 섬기도록 했어요. 특히, 제사를 중요하게 여기며 지켜야 할 규범들이 많았어요.

7월

7월 2일, 맑음

늦더위가 조금도 누그러지지 않았다. 순천의 도청과 색리, 광양의 색리 등의 죄를 벌했다. 좌도의 사수들이 활쏘기 시합을 하였다. 적에게 뺏은 물건들을 병사들에게 나누어 주었다.

노윤발에게 흥양 군관 이심과 병선 색리_{배에 대한 일을 맡아 보는 관리}, 괄군 색리_{군사를 보충하는 사무를 담당하는 관리} 등을 붙잡아 오도록 명령했다.

7월 6일, 궂은비

몸이 불편하여 나랏일을 보지 못하였다. 최귀석이 도둑 세 명을 잡아 왔다. 박춘양 등을 보내어 왼쪽 귀가 잘린 우두머리를 잡아 오게 하였다. 아침에 격군을 정비하지 않은 일로 정원명 등을 잡아 가두었다. 저녁에 보성 군수가 들어와서 어머니께서 평안하시다고 전해 주었다. 밤 10시쯤에 세차게 내린 소나기는 빗발이 굵어서 새시 않는 곳이 없었다. 촛불을 밝히고 홀로 앉아 있으니 여러 가지 걱정이 가슴에 치밀었다.

7월 11일, 비바람

궂은비가 내리고 큰바람이 종일 불었다. 아들 울이 돌아가는 길이 어려울 것 같아 걱정이 많이 되었다. 아들 면의 병은 또 어떠한지 궁금하였다. 장계의 초고를 직접 고쳐 주었다.

경상 순무사 서성의 공문이 왔는데, 원균 수사가 불평을 많이 했다는 것이다. 저물녘에 비바람이 크게 불더니 밤새 계속되었다.

7월 12일, 맑음

소근포 첨사가 와서 화살 54개를 만들어 바쳤다. 저녁에 탐후선이 들어와서 어머니가 평안하시다고 하였다. 그런데 아들 면의 병세가 더욱 나빠졌다고 해서 마음이 불안하고 걱정이 되었다.

영의정 류성룡이 죽었다는 부음이 순변사가 있는 곳에 도착했다고 한다. 이는 류 정승을 질투하는 자들이 거짓으로 만들어낸 말일 것이다. 기가 막히고 분하다. 저녁에는 마음이 몹시도 어지러웠다. 빈집에 혼자 앉아 있으니, 걱정 때문에 머리가 어지러워 잠을 자지 못하였다. 류 정승이 만약 실제로 잘못되었다면 나랏일은 어찌할 것인가.

7월 13일, 비

아들 면의 병세가 어떠한지 걱정되어서 글자 점을 쳐 보았다. '군왕을 만나 보는 것과 같다'라는 괘가 나와서 기분이 좋았다. 다시 짚어 보았더니, '밤에 등불을 얻은 것과 같다'라는 괘가 나왔다. 두 괘가 모두 좋아서 마음이 조금 놓였다. 또, 영의정 류성룡의 점을 쳐 보니, '바다에서 배를 얻는 것과 같다'라는 좋은 점괘가 나왔다. 다시 점치니, '의심하다가 기쁨을 얻는 것과 같다'라는 괘가 나왔다. 역시 좋아서 다행이었다.

7월 15일, 비가 계속 내리다가 늦게 갬

조카 해가 종인 경을 데리고 왔다. 아들 면의 병세가 좋아졌다고 하니 기뻤다. 아산의 산소와 가족들 묘도 아무 일 없고, 어머니도 평안하시다니 다행이었다. 이흥종이 나라에 곡식을 꾼 일로 매를 맞다가 죽었다고 하니 안타까웠다.

7월 17일, 맑음

새벽에 포구로 나가서 진을 쳤다. 오전 10시쯤에 명나라 장수 파총 장홍유가 배 다섯 척을 거느리고 돛을 달고 들어왔다. 수군의 영문 앞에 이르러서는 육지에 내려서 같이 이야기하자고 하였다. 그래서 나는 여러 장수와 함께 먼저 활터 정자로 올라간 뒤에 그에게 올라오기를 청하였더니 파총이 배에서 내려 바로 왔다.

먼 바닷길을 헤치고 이곳까지 와 주어서 고맙다고 인사를 했다. 그러자 그는, "작년 7월 중국 절강에서 배를 타고 요동에 이르렀소. 한데 그곳 사람들이 뱃길에는 돌섬과 암초가 많아 위험하다고 하면서 앞으로 왜와 싸우지 않을 것이니 갈 필요가 없다고 말리었소. 그래서 요동에 그대로 머무르다가 올해 3월에 다시 들어왔으니 큰 고생은 없었소."라고 하였다. 그와 밤이 깊도록 적의 형세에 대해 이야기를 나눴다. 이러한 얘기를 들으니 원통하고 슬픈 마음이 북받쳐 올랐다. 적의 형세를 이야기하느라 밤이 깊은 줄도 모르다가 늦게야 헤어졌다.

7월 26일, 맑음

아침에 각 관청과 포구에 공문을 작성하여 보냈다. 밥을 먹고 수루 위로 옮겨 앉았다. 녹도 만호가 도망간 군사 8명을 잡아 왔다. 그중 주모자 세 명은 처형하고 나머지는 곤장을 쳤다.

저녁에 탐후선이 들어와 아들의 편지를 받았다. 어머니께서 평안하시고 아들 면의 병도 나아진다고 하였다. 그런데 시집간 누이의 병세가 점점 중해진다고 하니 매우 걱정이다. 유홍과 윤근수가 세상을 떠나고 윤돈이 종사관으로 내려온다고 한다.

깊이 생각해보기 — **이순신 장군이 점을 치는 이유는 무엇일까요?**

주역은 주(周)나라 시대에 나온 역(易)이라는 말로 끊임없이 변화하는 자연 현상의 원리를 설명하고 풀이한 것이에요. 이순신 장군은 주역의 점괘를 하나의 정보로 생각하고 풀이해서 앞날을 예측하는 데 사용했어요.

8월 13일, 맑음

오전 10시쯤에 여러 장수를 거느리고 견내량으로 갔다. 사도 첨사에게 날랜 장수들을 뽑아 주고, 춘원포 경남 통영 등지로 보낸 뒤 적을 기다렸다가 무찌르게 하였다. 견내량에서 밤을 보냈다. 달빛이 비단결 같고, 바람 한 점 없어 물결은 잔잔하였다. 조카 해를 시켜 밤늦게까지 피리를 불게 했다.

8월 14일, 비

사도 첨사, 소비포 권관, 웅천 현감 등이 급히 달려와 전했다. "적선 한 척이 춘원포에 머무르고 있어 우리가 기습하였습니다. 왜적이 육지로 도망쳐서 적의 배를 빼앗고, 잡혀 있던 우리나라 사람 15명도 찾아내 데려왔습니다."라고 하였다.

8월 17일, 흐리다 밤에 비

사천에 온 권율 원수가 군관을 보내어 대화를 청하기에 곤양 군수 이광악의 말을 빌려 타고 달려갔다. 도원수 권율과 인사를 나누고 그동

안 있었던 일들을 이야기하였다. 그의 얼굴을 보니 오해가 많이 풀리는 것 같았다. 도원수 권율이 원균을 크게 꾸짖자, 원균은 고개를 들지 못하였다. 그 모습이 참으로 우스웠다.

8월 26일, 맑음

아침에 각 관청과 포구에 공문을 작성하여 보냈다.

흥양의 포작인 막동이가 장흥의 군사 30명을 몰래 배에 싣고 도망가려는 걸 잡다가 목을 베어 높은 곳에 매달았다.

8월 30일, 맑고 바람도 없음

아침에 탐후선이 들어왔는데, 아내가 몹시 위독하다고 하였다. 이미 세상을 떠났을지도 모르겠다. 나랏일이 이 지경에 이르렀으니, 다른 일은 생각도 할 수 없으나 아픈 아내 그리고 세 아들과 딸을 생각하니 마음이 쓰리고 괴로웠다.

김양간이 영의정 류성룡의 편지와 병조판서 심충겸의 편지를 가지고 왔다. 편지에는 분개하는 마음이 많이 담겨 있었다.

경상 우수사 원균의 일은 해괴하기 짝이 없다. 내가 머뭇거리며 앞으로 나아가지 않는다고 했다니, 이는 천년을 두고 한탄할 일이다. 곤양 군수가 병으로 다시 돌아가는데 보지 못하고 보내서 더욱 아쉬웠다. 마음이 어지러워서 잠을 이룰 수가 없다.

9월

9월 2일, 맑음

저녁에 탐후선이 들어왔는데, 아내의 병이 좀 나아졌다고 한다. 하지만 몸이 약하고 기운이 없다고 하니 걱정스러웠다.

9월 3일, 비

새벽에 비밀문서가 왔다. 거기에는 수군과 육군의 여러 장수가 팔짱만 끼고 앉아 계책은 하나도 세우지 않고 서로 바라보면서 적을 치려고 하지 않는다고 적혀 있었다. 삼 년 동안 바다에 있으면서 절대로 그런 적이 없었다. 여러 장수와 맹세하여 목숨 걸고 원수를 갚으려고 하루하루를 보냈다. 그러나 왜적들이 험한 소굴에 자리 잡은 채 꼼짝도 하지 않고 웅크리고 있어서 경솔하게 나아가 공격하지 않았을 뿐이다. '나를 알고 적을 알아야 백 번 싸워도 위태롭지 않다'라고 하지 않았던가!

종일 큰바람이 불었다. 초저녁에 촛불을 밝히고 홀로 앉아 여러 생각을 했다. 나랏일이 위태롭건만 안으로 해결할 방법이 없으니 안타까운 마음뿐이었다.

9월 13일, 맑음

조도 어사 윤경립이 보낸 장계 초안 두 통을 보니, 하나는 진도 군수 김만수를 파면해 달라는 것이고, 다른 하나는 수군과 육군을 서로 바꿔 뽑지 말고, 수령들을 싸움터에 보내지 말라는 것이었다. 이것은 근본적으로 문제를 해결하는 것이 아니라 눈앞에 있는 것만 본 것이다.

9월 21일, 맑음

아침에 활터에 있는 정자에 나가서 공문을 작성하여 보내고 난 다음에 활을 쏘았다. 어두울 무렵에 여러 장수에게 뛰어넘기를 하게 하고, 군사들에게는 씨름으로 겨루게 하였다. 밤이 깊어서야 끝났다.

9월 22일

아침에 활터 정자에 앉았다. 우수사와 장흥 부사가 왔다 가고 경상 우후도 명령을 듣고 갔다. 도원수 권율이 비밀문서를 보냈는데, 27일에는 꼭 군사들을 출동시키라는 내용이었다.

깊이 생각해보기

'나를 알고 적을 알아야 백 번 싸워도 위태롭지 않다'라는 말이 의미는 무엇일까요?

중국 병법서인 《손자병법》에 나오는 '지피지기 백전불태(知彼知己百戰不殆)'라는 말을 풀어쓴 말이에요. 이순신 장군은 무작정 싸움에 덤벼들기보다는 적군과 아군의 실정을 파악한 후, 싸워서 승산을 높이는 게 중요하다고 생각했어요.

9월 26일, 맑음

새벽에 의병대장 곽재우와 김덕령 등이 견내량에 도착하였다. 박춘양을 보내서 건너온 이유를 물었더니, 권율 원수의 명령으로 수군과 합치기 위해 왔다고 하였다.

9월 27일, 저물녘에 비

늦은 아침에 여러 배와 출발하여 적도 앞바다에 머물렀다. 곽재우, 김덕령, 한명련, 주몽룡 등과 함께 의논한 뒤에 각각 원하는 곳으로 나누어 보냈다.

9월 29일, 맑음

배를 띄워 장문포 앞바다로 돌진해 들어갔다. 그러나 적의 무리는 험준한 곳에 자리 잡고서 나오지 않았다. 누각을 높이 세우고 양쪽 봉우리에 보루를 쌓고 숨어서는 조금도 나와서 싸우려 하지 않았다. 맨 앞에 있던 적선 두 척을 무찔렀더니 땅으로 내려가 도망쳤다. 빈 배만 쳐부수고 불태웠다. 칠천량에서 밤을 지냈다.

10월 1일, 맑음

새벽에 출발해서 장문포에 이르니 경상 우수사 원균과 전라 우수사 이억기가 먼저 도착해서 머무르고 있었다. 충청 수사 이순신과 여러 장수를 데리고 곧장 영등포로 쳐들어갔다. 그러나 흉악한 왜적들은 바닷가에 배를 매어 놓은 채 한 명도 나와서 싸우려고 하지 않았다.

해 질 무렵에 다시 장문포 앞바다로 되돌아왔다. 사도의 2호선이 배를 매려 할 때, 적의 작은 배가 곧장 들어와 불을 던지고 도망쳤다. 비록 불이 크게 일어나지 않고 꺼졌지만, 매우 분하였다. 전라 우수사의 군관과 경상 우수사의 군관에게는 실수를 꾸짖고, 사도 군관에게는 그 죄를 무겁게 다스렸다.

10월 4일, 맑음

곽재우, 김덕령 등과 의논을 한 후에 군사 수백 명을 뽑아 육지에 내려 산으로 오르게 했다. 또한, 맨 앞의 군대는 먼저 장문포로 보내어 들락날락하면서 적군에게 싸움을 걸게 하였다. 늦게 중군을 거느리고 진격하였다. 바다와 육지에서 서로 힘을 합쳐 쳐들어가자 적의 무리는 기세를 잃고 이리저리 급히 달아났다.

해 질 무렵 칠천량으로 돌아와 진을 쳤다. 선전관 이계명이 표신궁궐 출입증과 선유교서임금의 가르침을 적은 문서를 가지고 왔다. 임금께서 담비의 털 가죽도 내려주셨다.

10월 6일, 맑음

아침 일찍 장문포에 있는 적의 소굴로 선봉을 보내었다. 왜놈들이 패문을 써서 땅에 꽂아 놓았는데, '일본은 명나라와 친하게 지내고자 하니, 서로 싸울 것이 없다'라는 내용이었다. 왜놈 한 명이 칠천 산기슭으로 와서 항복하였다. 곤양 군수가 그 왜놈을 불러들여 배에 태우고 물어보니, 영등포에 있던 왜적이었다고 한다. 흉도로 진을 옮겼다.

10월 8일, 맑음

일찍 배를 출발시켜 장문포에 있는 적의 소굴로 갔다. 그러나 적들이 나오지 않았다. 군대의 위세만 보인 뒤에 흉도로 되돌아왔다가 그대로 출항하여 한산도에 이르니 벌써 밤 12시가 되었다. 흉도에서 띠풀 260동을 베었다.

10월 12일, 맑음

아침에 장계 초안을 수정하였다. 늦게 전라 우수사 이억기와 충청 수사 이순신이 왔다. 경상 우수사 원균이 공문을 가지고 나타나서 왜군을 물리친 일은 자기가 직접 장계를 올리겠다고 하였다. 비변사의 공문에 따라 도원수 권율이 보낸 쥐 가죽 귀가리개를 전라좌도에 15벌, 우도에 10벌, 경상도에 10벌, 충청도에 5벌씩 나누어 보냈다.

10월 17일, 맑음

아침에 어사가 머무는 곳에 사람을 보냈더니, 밥을 먹고 오겠다고 하였다. 늦게 우수사와 어사가 와서 조용히 이야기를 나누었다. 어사는 원균이 한 거짓말에 대해 많이 이야기하였다. 참으로 해괴한 짓거리였다. 나중에 원균도 왔는데, 흉악하고 도리에 맞지 않는 꼴이 말로 할 수 없을 정도였다.

10월 30일, 맑음

적을 수색하고 물리치기 위해 군사를 보내고 싶었으나 경상도에 싸울 배가 없어서 다른 배들이 모이기만 기다렸다.

깊이 생각해보기 — 임진왜란 때 의병은 어떤 조직이었나요?

조선이 왜군에게 대책 없이 침략당하자 나라 곳곳에서 의병이 생겨났어요. 의병은 백성 스스로 군대를 만들어 왜적을 물리치는 조직이에요. 처음에는 마을을 지키기 위해 만들어졌다가 점차 커져서 부대를 이루어 용맹하게 왜군과 맞섰어요. 의병장 곽재우와 김덕령은 이순신 장군과 협력하여 왜군을 격파했어요.

11월 2일, 맑음

좌도에서는 사도 첨사 김완을, 우도에서는 우후 이정충을, 경상도에서는 미조항 첨사 성윤문을 장수로 선정하여 적들의 배를 수색하여 무찌르도록 군사들을 이끌고 출동시켰다.

11월 8일, 비 오다 갬

배 만들 목재를 옮겨 왔다. 새벽꿈에 영의정 류성룡이 이상한 모양을 하고 있고, 나는 머리에 쓰는 관을 벗고 있었다. 함께 민종각의 집으로 가서 이야기하는 꿈을 꾸다가 잠이 깨었다. 이게 무슨 징조인지 모르겠다.

11월 12일, 맑음

일찍 대청으로 나가 순천 색리 성승서와 역졸이 남원에서 사람들에게 피해를 끼쳤기에 처벌하였다. 첨지 신호에게 이별주를 대접하였다. 또, 견내량에서 경계선을 넘어 고기잡이를 한 사람 24명에게 곤장을 쳤다.

11월 13일, 맑음

바람이 잠잠해지고 날도 따뜻했다. 신 첨지와 아들 회가 이희남, 김숙현과 함께 본영으로 갔다. 종 한경에게는 은진 김정휘의 집에 다녀오도록 명했다. 도원수 권율이 군관에게 항복한 왜군 14명을 데리고 오게 했다.

저녁에 윤련이 자기 누이의 편지를 가지고 왔는데, 말도 안 되는 말이 많아서 우스웠다.

밤에 달빛이 대낮 같아 잠을 이루지 못하고 밤새도록 뒤척거렸다.

11월 15일, 맑음

겨울인데 마치 봄날처럼 맑고 따뜻하니 이상한 일이다. 오늘은 아버님의 제삿날이라 나랏일을 보러 나가지 않았다. 홀로 방에 앉아 있으니 슬픈 마음이 가득하였다. 저녁에 탐후선이 들어왔다.

아들 울의 편지에 어머니가 평안하시다고 하여 매우 다행이었다. 상주의 사촌 누이와 그의 아들 윤엽이 보낸 편지를 읽으니 눈물이 흐르는 것을 멈출 수가 없었다. 영의정의 편지도 왔다.

11월 28일, 맑음

운명을 피하기 어렵다. 밖으로는 나라를 바로잡을 수 있는 주춧돌 같은 인물이 없고, 안으로는 뛰어난 계책을 세울 만한 기둥 같은 인재가 없으니, 배를 더욱 늘리고 무기를 만들어 적들을 불리하게 하리라.

제4장

을미일기

을미년 1595년
임진왜란이 잠시 잠잠해지다

잠시 전쟁이 중단되는 듯했으나 이순신 장군은
언제 다시 시작될 지 모르는 전쟁에 대비해
왜군들의 움직임을 주의깊게 살피며 여러 준비를 했다.
2월에는 둔전에 있던 벼를 각 포구에 나누어 주고
9월에는 대청과 누각에 불이 나서 수리하였다.
겨울에는 청어를 곡식과 바꾸어 모아두고
음식이 생길 때마다 군사들에게 먹였다.

1월 1일, 맑음

촛불을 밝히고 혼자 앉아 있으려니 나랏일 걱정에 나도 모르게 눈물이 흘렀다. 병드신 팔순의 어머니도 걱정스러워 뜬눈으로 밤을 새웠다. 새벽에는 여러 장수와 병졸들이 와서 새해 인사를 하였다. 군사들에게 술을 주어 마시도록 하였다.

1월 5일, 맑음

조카 봉과 아들 울이 들어왔다. 어머니께서 평안하시다는 소식을 전해 들으니 매우 기쁘고 다행스러웠다. 밤새도록 온갖 생각들이 떠올라 잠을 이루지 못하였다.

1월 12일, 흐리고 바람이 세게 붊

각 고을과 포구에 공문을 작성하여 보냈다. 늦게 순천 부사가 와서 보고하고 돌아갔다.

한밤중 꿈에 돌아가신 아버님께서 나타나 "13일은 회를 장가보내는 날로 알맞지 않은 것 같구나. 4일 뒤에는 보내도 괜찮을 것이다."라고 말씀하셨다. 평소와 같은 모습을 하고 계신 아버님 모습을 꿈에서 뵈니 그리움에 눈물이 흘렀다.

1월 15일, 맑음

우후 이정충이 발을 헛디뎌 물에 빠졌다. 한참이나 허우적대는 것을 간신히 건져냈다. 그를 불러 위로해주었다. 우후 이몽구와 여필이 와서 갑자기 이천주가 죽었다고 해서 몹시 놀랐다. 천리 밖에 나가 있던 사람이 만나보지도 못하고 갑자기 죽어버리니 더욱 가슴이 아프고 슬펐다.

1월 21일, 가랑비

장흥 부사가 와서 말하길 순변사 이일이 하는 일이 아주 형편없을 뿐만 아니라 나를 해치려 한다고 하였다. 참으로 한심스럽기 짝이 없다. 그가 서울에 있는 첩들을 자기의 관부까지 거느리고 왔다는 소식을 들으니 더욱 기가 막혔다. 오늘은 회가 혼례를 준비하는 날이라 더욱 걱정이다.

2월

2월 1일, 맑고 바람이 붐

일찍 대청으로 나가 보성 군수가 기한을 어긴 것에 대한 죄를 벌주고, 도망쳤던 왜군 두 명을 처형하였다. 의금부의 나장이 와서 흥양 현감을 잡아갈 일에 대해 의논하였다.

2월 13일, 맑음

일찍 대청에 나가 나랏일을 보았다. 도양의 둔전_{식량을 마련하기 위해 설치한 토지}에서 벼 300섬을 싣고 와서 포구마다 나누어 주었다. 우수사와 진도 군수, 무안 현감, 함평 현감, 남도포 만호, 마량 첨사, 회령포 만호 등이 들어왔다.

2월 14일, 맑고 따뜻함

진도 군수, 무안 현감, 함평 현감이 방비하는 곳에 들여보낼 수군을 보내지 않고, 전선을 만들어 오지 않아서 벌을 주었다. 영암 군수의 죄도 의논하였다.

2월 17일, 맑음

아침에 군사들에게 밥을 서둘러 먹이고, 곧장 우수영 앞바다에 이르렀다. 성 안에 있던 왜놈 일곱 명이 우리 배를 보고 도망치는 것을 보고 배를 돌려 나왔다. 장흥 부사와 조방장 신호를 불러 온종일 계책을 의논하고서 본진으로 돌아왔다.

2월 27일, 맑음

원균이 포구에 있는 수사 배설과 교대하려고 왔다. 그에게 교서^{임금이 내린 문서}에 공손히 절하라고 했더니 불평하는 기색이 많았다고 한다. 두세 번 타일러서야 겨우 마지못해서 했다고 하니 그의 무례함에 쓴웃음이 나왔다.

깊이 생각해보기 — 전쟁 중에는 식량을 어떻게 마련했을까요?

이순신 장군은 관청 아래 농사를 지을 수 있는 둔전을 두어 직접 식량을 마련하고, 편인들을 시켜 수산물을 채취하도록 했어요. 이처럼 현지에서 직접 거두어들여서 운반하는 수고를 덜어 주었어요.

3월

3월 1일, 맑음
삼도의 추운 겨울을 지낸 군사들을 불러 모아 임금께서 내려 주신 무명천을 나누어 주었다.

3월 11일, 흐리고 바람이 붊
사도시 궁중의 곡식 관리처 주부 조형도가 와서 전라 좌도에 있는 왜적의 형세와 항복한 왜군이 보고한 내용을 전하였다. 그 내용은 '도요토미 히데요시가 3년 동안 큰 성과가 없으므로 군사를 더 보내 부산에 진영을 설치하려고 3월 11일에 바다를 건너오기로 하였다.'라는 것이었다.

3월 17일, 비가 그침
충청 우후 원유남이 급히 보고하기를, 수사 이계훈이 불을 내고 물에 빠져 죽었으며, 군관과 격군을 합쳐 140여 명이 불에 타 죽었다고 했다. 참으로 기가 막힌다. 저녁에는 전라 우수사가 급히 보고하기를, 견내량에 항복해 온 왜인을 추궁하니 장수 심안돈이 그의 아들을 대신 주둔하게 하고 가까운 날에 본국으로 돌아갈 것이라고 하였다.

4월

4월 10일, 맑음

구화역의 역졸이 와서 적선 세 척이 역 앞에 이르렀다고 보고하였다. 그래서 삼도의 중위장들에게 각각 다섯 척씩 배를 거느리고 견내량으로 달려가서 살핀 뒤에 무찌르게 하였다.

4월 12일, 맑음

장계의 회답 18통과 영의정 류성룡, 우의정 정탁의 편지와 자임 영공의 답장이 왔다. 군량을 독촉하기 위해 아병 양응원은 순천, 광양으로, 배승련은 광주, 나주로, 송의련은 흥양, 보성으로 김충의는 구례, 곡성으로 보냈다. 삼도의 중위장 성윤문, 김완, 이응표가 견내량에서 돌아와 왜적이 물러갔다고 보고하였다.

4월 13일, 흐리고 비

저녁에 고성 현령 조응도가 와서 전하기를 '거제의 왜적들이 웅천의 왜적들과 합세하여 밤에 기습할 계획'이라고 하였다. 믿을 말은 못 되지만, 그럴 가능성도 있다.

4월 24일, 맑음

이른 아침에 어머니 생신상을 차려 드리기 위해 아들 울, 조카 뇌와 완을 집으로 보냈다.

한낮에 강천석이 달려와 보고하기를 도망친 왜놈 망기시로가 우거진 풀 숲 속에 엎드려 있다가 붙잡혔고, 왜인 한 놈은 물에 빠져 죽었다고 하였다. 바로 망기시로를 잡아 오게 하고 삼도에 나누어 맡긴 항복한 왜놈들을 모두 불러 모아 즉시 머리를 베라고 명하였다.

망기시로는 조금도 두려워하는 표정 없이 죽으러 나왔다. 참으로 독한 놈이었다.

4월 25일, 맑음

구화역 역졸인 득복이 '왜적의 크고 작은 배 50여 척이 웅천에서 나와 지금 진해로 간다'는 경상 우후의 급한 소식을 가지고 왔다. 즉시, 오수 등을 보내어 적을 정탐하도록 하였다. 아들 회와 조카 해가 돌아왔다. 어머니께서 평안하시다니 그나마 마음이 편하다.

깊이 생각해보기 — **사도시는 어떤 관청이었을까요?**

조선 시대에 나랏일을 맡아 처리하던 중앙 관청인 육조는 이조, 호조, 예조, 병조, 형조, 공조로 이루어졌어요. 그 육조 아래 각 사를 두었는데, 사도시는 호조 아래에 있는 쌀과 장 등을 관리하는 정규 관청이었어요.

5월 4일, 맑음

오늘은 어머니 생신인데 술 한 잔을 올리지 못하고 홀로 먼 바다에 나와 있으니 이 그리운 마음을 어찌 다 말로 표현할 수 있을까!

5월 8일, 흐림

아침에 삼도 수사와 함께 선인암으로 가서 구경도 하고 활도 쏘았다. 방답 첨사가 아들의 편지를 가져왔는데, 지난 4일 종 춘세가 실수로 불을 내서 집 10여 채를 태웠다고 한다. 그나마 어머니가 계신 집은 무사하다고 하니 불행 중 다행이다.

5월 14일, 비

사도 첨사가 와서 보고하기를 흥양 현감이 받아간 배가 돌섬에 걸려 뒤집어졌다고 하였다. 그래서 대장 최벽과 십호선 장수, 도훈도를 잡아다가 곤장을 쳤다.

5월 15일, 비

궂은비가 개지 않아서 바로 앞도 볼 수 없다.

새벽꿈이 좋지 않아서 마음에 걸렸다. 어머니께서 평안하신지 소식을 듣지 못한 지가 벌써 7일이나 되니 몹시 애가 타고 걱정스럽다. 조카 해가 잘 돌아갔는지도 모르겠다.

아침밥을 먹은 후 나랏일을 보는데, 광양의 김두검이 복병으로 나갈 적에 순천과 광양의 두 수령에게서 월급을 이중으로 받은 일 때문에 벌

을 받으러 수군으로 나왔다. 그러나 칼과 활도 안 차고서 와서 무척 오만을 떨기에 곤장 70대를 쳤다.

5월 21일, 흐림

오늘은 본영에서 꼭 누군가 올 것 같은데, 당장 어머니의 안부를 몰라 답답하였다. 종 옥이와 무재를 본영으로 보내면서 그편에 어머니께 전복과 밴댕이젓갈, 어란 등을 보냈다.

아침에 동헌에 나오니, 항복한 왜인들이 찾아와 자기들 동료 중에 야마시로라는 자가 못된 짓을 많이 하므로 죽여 달라고 하였다. 그래서 그들을 시켜 목을 베게 하였다.

5월 29일, 비바람

사직의 위엄과 영험에 힘입어 겨우 조그마한 공로를 세웠을 뿐인데, 임금의 사랑과 영광이 분에 넘쳤다. 몸이 장수의 자리에 있으면서 공로에는 티끌만큼도 보탬이 되지 못하고 입으로만 교서를 외고 있으니 군사들 보기가 부끄러울 뿐이다.

6월

6월 6일, 비

몸이 몹시 불편하였다. 송희립이 들어와 도양장의 농사 형편을 들으니, 흥양 현감 배흥립이 마음을 다해 농사를 지었기에 가을에 거둬들일 것이 많다고 하였다. 계원 유사 임영도 애를 쓴다고 하였다.

몸이 불편하여 온종일 앓았다.

6월 9일, 맑음

몸이 아직 낫지 않아서 걱정이다. 저녁에 도원수의 군관 이희삼이 임금의 교지를 가지고 왔다. 조형도가 내 죄를 일러바쳤는데, 수군 한 명에게 하루에 양식 다섯 홉과 물 일곱 홉씩만 준다고 했다는 것이다. 말도 안 되는 거짓말로 남을 헐뜯고 모함하다니, 세상에 어찌 이런 일이 있단 말인가!

저물녘에 탐후선이 들어왔는데 어머니께서 이질에 걸리셨다고 하니 걱정이 되어 눈물이 났다.

7월

7월 1일, 잠깐 비

나라 제삿날 인종의 제사이라 공적인 일을 하지 않고 혼자 누각 망을 보기 위해 높이 지은 건물에 기대어 생각했다. 내일은 돌아가신 아버님의 생신이신데 슬픔과 그리움으로 나도 모르게 눈물이 떨어졌다.

나라의 일이 아침 이슬같이 위태로우니 걱정이다. 안으로는 정책을 결정할 든든한 기둥 같은 인재가 없고, 밖으로는 나라를 바로잡을 주춧돌 같은 인물이 없으니, 종묘사직이 어떻게 될 것인지 알 수 없다. 마음이 어지러워서 하루 내내 뒤척거렸다.

7월 14일, 맑음

군사들에게 휴가를 주었다. 녹도 만호 송여종에게 죽은 군졸들의 제사를 지내도록 쌀 두 섬을 주었다. 이상록, 태구련, 공태원 등이 들어왔는데, 어머니께서 평안하시다고 하니 더없이 기뻤다.

7월 16일, 맑음

김대복의 병세가 몹시 좋지 않다고 하여서 가슴이 아프고 안타까웠다. 곧 송희립과 류홍근을 시켜 간호하게 했지만, 병이 어떠한지 알 수 없어서 걱정이 더 커졌다. 늦게 나가 나랏일을 보았다. 순천 부사 정석주, 영광 도훈도 주문상을 처벌했다. 저녁에 도원수 권율에게 가는 공문과 병사에게 갈 공문의 초안을 잡아주었다.

7월 17일, 비

거제 현령 안위가 급히 보고하기를, 거제에 있던 왜적이 철수하여 모두 돌아갔다고 하였다. 그래서 정항에게 자세히 알아보게 하고, 내일 출항할 준비를 단단히 하도록 하였다.

7월 18일, 맑음

오후에 출발하여 지도에 머물며 밤을 지냈다. 밤 12시쯤에 거제 현령이 와서 말하기를, 장문포에 있는 왜적의 소굴이 이미 다 텅 비었고, 30여 명만 남아있다고 하였다. 또 사냥하러 다니는 왜적을 잡아 목을 베고 한 명은 사로잡았다고 하였다.

깊이 생각해보기 — 종묘사직은 무엇을 뜻하는 것일까요?

종묘는 유교적 예법에 따라 역대 왕들의 신주를 모시고 제사를 올리는 왕실의 사당이며, 사직은 토지의 신인 '사'와 곡식의 신인 '직'에게 제사를 올리는 곳으로 왕실과 나라를 통틀어 이르는 말이에요.

8월 7일, 비

비가 계속 내리는데 아들 울이 허주 및 현덕린, 우후 이몽구와 함께 배를 타고 나갔다. 저녁에 표신을 가진 선전관 이광후가 '도원수 권율이 삼도의 수군을 거느리고 곧장 적의 소굴로 들어가라'라는 임금의 유지를 가지고 왔다.

8월 15일

새벽에 망궐례를 올렸다. 삼도의 사수와 본도의 잡색군(예비군)들에게 음식을 배불리 먹이고 여러 장수와 함께 술도 마시게 했다. 희미한 달빛이 수루를 비추어 잠을 이루지 못하고 밤새도록 시를 읊었다.

한산섬 달 밝은 밤에 수루에 홀로 앉아
큰 칼 옆에 차고 깊은 시름 하던 차에
어디서 들려오는 피리 소리는 남의 애를 끊나니

8월 23일, 맑음

체찰사 이원익과 이야기해 보니 그는 백성들의 고통을 덜어주어야겠다는 생각을 많이 하고 있었다. 호남 순찰사는 남을 헐뜯는 게 많아 믿음직스럽지 않았다.

해 질 무렵에는 김응서와 함께 진주 촉석루에 갔다. 전쟁에서 목숨을 잃은 장수들을 생각하니 슬프고 억울한 마음을 견딜 수 없었다. 체찰사가 나에게 먼저 가라고 하여 배를 타고 소비포로 돌아왔다.

8월 27일, 맑음

군사 5,480명에게 특별 음식을 먹였다. 저녁때 높은 산봉우리에 올라가 적진이 있는 곳과 적의 배가 오가는 길을 손으로 가리켜 보았다. 바람이 몹시 거세게 불었다. 밤을 틈타 도로 내려왔다.

깊이 생각해보기 — **진주성 전투는 어떤 싸움이었나요?**

진주성은 서쪽의 절벽과 못으로 둘러싸여 있는 요새예요. 1592년 1차 진주성 전투에서는 조선군이 큰 승리를 거두지만, 1593년 2차 전투에서는 성이 함락되고 모든 백성이 죽임을 당해요. 승리의 표상이면서 나라를 위해 돌아가신 조상들이 잠든 곳이기도 하답니다. 승리를 축하하는 왜적의 장수를 끌어안고 죽은 논개 이야기가 유명해요.

9월

9월 3일, 맑고 바람

강응호가 가을걷이를 하기 위하여 도양장으로 갔다. 정탐 나갔던 정항, 우수, 이섬이 돌아와 보고하기를, 영등포에 있던 왜적들이 2일에 누각과 소굴을 모두 불살라 버리고 달아났다고 하였다. 또, 웅천에서 적에게 항복했던 공수복 등 17명을 달래서 데려왔다.

9월 14일, 맑음

전라 우수사와 경상 우수사가 함께 와서 밤이 깊도록 충청 수사 선거이와 작별의 술잔을 나누었다. 선거이와 헤어질 때 짧은 시 한 수를 지어 주었다.

북방에 갔을 때도 같이 일하고
남방에 와서도 삶과 죽음을 함께 했는데
오늘 밤 달빛 아래 술 한 잔 나누고 나면
내일은 이별의 슬픈 정만 남으리

9월 25일, 맑음

오후 2시쯤에 녹도의 하인이 실수로 불을 냈다. 그 때문에 대청과 누각이 모두 타 버렸다. 다행히 군량, 화약, 군기 등을 넣어 둔 창고까지는 불이 번지지 않았지만, 누각에 두었던 불화살 200여 개를 잃고 말았으니 안타깝고 답답하여 한숨이 절로 나왔다.

9월 27일, 흐림

왜적에게 붙었던 안골포 사람 230여 명이 왔다. 우수가 와서 배의 수는 22척이라고 보고하였다. 밥을 먹고 나서 불난 터로 올라가 집 지을 땅을 손으로 가리켜 정해 주었다.

10월

10월 3일, 맑음

해평군 윤근수의 공문을 구례의 유생이 가지고 왔는데, '김덕령이 전주의 김윤선 등과 함께 죄 없는 사람을 때려죽이고 바다의 진영으로 도망쳤다'라고 했다. 그래서 이들을 수색해보니, 9월 10일 즈음에 보리 씨를 바꿀 일로 진에 왔다가 바로 돌아갔다고 했다.

10월 5일

이른 아침에 수루에 올라가서 일하는 것을 지켜보았다. 수루 위의 바깥 서까래에 흙을 올려서 발랐다. 항복해 온 왜놈들에게 흙 나르는 일을 시켰다.

10월 6일

저녁에 웅천 현감 이운룡이 와서 명나라 사신 양방형이 부산으로 들어갔다고 하였다. 이날 적에게 사로잡혔던 사람 24명이 돌아왔다.

10월 21일, 맑음

이설이 휴가를 신청했으나 허락하지 않았다. 늦게 우후 이정충, 금갑도 만호 가안책, 이진 권관 등이 와서 만났다. 바람이 몹시 싸늘하여 잠을 이룰 수 없었다. 공태원을 불러 왜적의 정세를 물었다.

정사립에게 들으니, 권준이 모함하는 말을 손이 가는 대로 거짓으로 글을 쓰고, 문서로는 알려지지 않도록 꾸몄다고 한다. 권 수사의 사람됨됨이가 어찌하여 그처럼 거짓되고 망령된 것인가! 미조항 첨사 성윤문도 늦게 와서 권준 수사의 형편없는 모습을 많이 말하였다.

10월 25일, 맑음

저녁에 정항이 돌아간다고 하여 배웅하였다. 이상록, 김응겸, 하천수 등에게 군사 80명을 주어 띠풀을 베어오도록 하였다.

깊이 생각해보기 — 말과 글이 다른 왜인들과 어떻게 소통했을까?

조선 시대에는 외국어 통역과 번역을 위해 전문 기관인 사역원을 두었어요. 사역원에서 교육받은 이들이 역관으로 통역을 담당했어요.

11월

11월 3일, 맑음

황득중이 들어와서 '적선 두 척이 청등_{경남 거제}을 거쳐 흉도에 이르렀다가 해북도_{경남 통영}에 배를 대고 불을 지른 후 춘원포 등지로 돌아갔다'라고 전하고는 새벽에 지도로 돌아갔다.

11월 13일, 맑음

도양장에서 거둔 벼와 콩이 820섬이었다.

11월 16일, 맑음

항복한 왜인 여문련기, 야시로 등이 와서, '왜인들이 도망가려 한다'고 보고하였다. 그래서 우후를 시켜 잡아 오게 하여 그 주모자 준시 등 두 명의 목을 베었다.

11월 18일, 맑음

어응린이 와서 전하기를, '왜장 고니시 유키나가가 부하들을 거느리고 바다로 나갔는데 어디로 갔는지 모르겠다'라고 하였다. 이에 경상 수사 권준에게 전령을 보내 바다와 육지를 정탐하게 하였다. 늦게 하응문이 와서 식량 공급에 대해 보고했다.

11월 19일, 맑음

이른 아침에 도망갔던 왜인이 제 발로 걸어 나타났다. 밤 10시쯤에 조카 분, 봉, 해와 아들 회가 들어왔다. 어머니께서 평안하시다니 기쁘고 다행이다.

11월 21일, 맑고 북풍이 붊

새벽에 송희립을 내보내 견내량에 있는 왜적의 배가 그대로 있는지 조사하게 했다. 저녁에는 이종호가 곡식과 바꾸기 위해 청어 1만 3,240두름_{물고기를 짚으로 한 줄에 열 마리씩 두 줄로 묶은 것}을 가지고 나갔다.

11월 25일, 맑음

경상 우후가 와서 항복한 왜인 8명이 가덕도에서 나왔다고 전했다.

11월 26일, 흐리다 갬

광양의 도훈도가 적을 살피러 나갔다가 도망간 자들을 잡아 와서 벌을 주었다. 항복한 왜놈 여덟 명과 그들을 데리고 온 김탁 등 두 명에게 술을 내렸다. 김탁 등에게는 각각 무명천 한 필씩을 주어 보냈다.

12월

12월 4일, 맑음

순천 2호선과 낙안 1호선의 군사를 점검하고 내보냈으나 바람이 거세게 불어서 배를 띄우지 못하였다. 조카 분과 해가 본영으로 갔다. 황득중과 오수 등이 청어 7,000여 두름을 싣고 와서 김희방의 무곡선_{곡식 사러 가는 배}에 계산하여 주었다.

12월 9일, 맑음

몸이 불편하여 밤새도록 신음하였다. 거제 현령 안위와 안골포 만호 우수 등이 와서 적들이 물러갈 것 같지 않다고 말하였다.

12월 13일, 맑음

초저녁에 종 돌쇠가 와서, 왜선 세 척과 작은 배 한 척이 등산_{경남 창원} 바깥바다로부터 와서 합포에 머물고 있다고 전해 주었다. 아마도 그들은 사냥하는 왜군인 것 같아서 바로 경상 수사, 방답 첨사, 우후에게 명령하여 알아보도록 하였다.

12월 11일, 맑음

조카 해와 분이 본영에 무사히 도착했다는 편지를 받아서 기뻤다. 말로 표현할 수 없을 정도로 고생을 했겠지만 별 탈 없다니 정말 다행이다.

12월 18일, 맑음

낮 12시쯤에 체찰사 이원익이 보(흙과 돌로 쌓은 작은 성)에 들어와서 함께 조용히 이야기했다. 초저녁에 체찰사가 또 이야기하자고 해서 새벽 2시까지 이야기하다가 헤어졌다.

12월 19일, 맑음

나랏일을 보고 군사들에게 체찰사가 가져온 음식을 나누어 먹도록 하였다. 군사들이 음식을 다 먹은 다음에 체찰사가 떠났다. 배웅하고 배로 내려왔는데 바람이 몹시 불어서 배를 몰 수 없었다. 그대로 닻을 내리고 머무르며 밤을 지냈다.

깊이 생각해보기 — 체찰사는 어떤 관직이었나요?

조선 시대의 체찰사는 왜적이 침입하거나 나라 안에서 반란이 일어났을 때 임시로 군대를 지휘하게 한 벼슬이에요. 보통은 재상이 맡아서 했어요. 1595년, 이원익은 우의정 겸 4도 체찰사로 임명되었어요.

제 5 장

병신일기

병신년 1596년
전쟁 대비를 멈추지 않다

전쟁이 없는 날이 이어졌다.
그래도 이순신 장군은 전쟁에 대비해 여러 가지 일을 했다.
청어를 잡아 식량 500섬을 마련하고,
흥양 둔전에서 벼 325섬을 받았다.
4월 장사를 가장해서 부산에 들어온
왜군의 정탐꾼 4명을 잡아 목을 베었다.
윤 8월에 무과 시험장을 열었고,
10월에는 여수 본영에 모친을 모셔와 구경시켜드렸다.

1월

1월 1일, 맑음

새벽에 도착하자마자 어머니를 찾아뵈었다. 늦게 남양 아저씨와 신사과(문관)가 와서 이야기하였다. 하루 일을 마치고 저녁에 어머니께 인사를 드리고 본영으로 돌아왔다. 마음이 몹시 복잡하고 어지러워서 밤새도록 잠을 이루지 못하였다.

1월 4일, 맑음

새벽에 첫 나발을 불고 날이 새자마자 배를 띄웠다. 이여념에게 진중의 일을 물으니, 모두 변함이 없다고 하였다. 오후 4시쯤에 가랑비가 보슬보슬 내렸다. 걸망포로 가 보았더니 경상 수사가 여러 장수를 거느리고 나와서 기다리고 있었다. 먼저 와 있던 우후 이몽구는 사람을 못 알아볼 정도로 취하여서 바로 자기 배로 돌아갔다고 했다.

송한련과 송한 등이 말하기를, "청어 천여 두름을 잡아다 널었는데, 통제사께서 다녀가신 뒤에 잡은 것이 1,800여 두름이나 됩니다."라고 하였다.

비가 몹시 퍼부어 밤새도록 그치지 않았다. 여러 장수가 날이 저물어서 떠났는데, 길이 질어서 넘어지는 사람이 많았다고 한다.

1월 6일, 비

오수가 청어 1,310두름을, 박춘양은 787두름을 바쳤다. 하천수가 받아다가 말리기로 하였다. 황득중은 202두름을 바쳤다. 종일 비가 내렸다. 사도 첨사가 술을 가지고 와서 말하기를, '군량 500여 섬을 마련해 놓았다'고 하였다.

1월 7일, 맑음

오후 2시쯤에 견내량의 복병장인 삼천포 권관이 급히 보고하기를 항복한 왜인 다섯 명이 부산에서 왔다고 하였다. 그래서 안골포 만호 우수와 공태원을 뽑아 보냈다.

날씨가 몹시 춥고 서풍이 매섭게 불었다.

1월 8일, 맑음

입춘인데도 날씨가 몹시 차가워 한겨울 같았다. 아침에 우후와 방답 첨사를 불러 함께 약식을 먹었다. 아침 일찍 왜인 다섯 명에게 항복한 이유를 물어보았더니, "저희 장수가 성질이 포악하고 일이 힘들어 도망 왔습니다."라고 하였다.

그들이 가진 크고 작은 칼들을 거두어 수루 위에 두었다. 나중에 알고 보니, 부산에 있던 왜적이 아니고 가덕도에 있는 심안돈의 부하라고 하였다.

1월 10일, 맑으나 서풍이 세게 붊

적이 다시 나올지를 점쳐보았더니, '수레에 바퀴가 없는 것과 같다'는 괘가 나왔다. 다시 점을 쳤더니, '군왕을 만나본 것과 같다'라는 좋은 점괘가 나와 기분이 좋았다. 세 위장에게 체찰사가 나누어 준 여러 가지 물품을 잘 쓰라고 전하였다.

1월 12일, 맑고 서풍이 쎔

새벽 2시쯤에 영의정 류성룡과 이야기를 나누는 꿈을 꾸었다. 둘 다 의관을 벗고 앉았다 누웠다 하며 나라를 걱정하다가 끝내는 억울한 사정까지 쏟아 놓았다. 만일 서쪽의 적이 급한데 남쪽의 적까지 움직인다면 임금은 어디로 가실지 걱정하다가 깨었다. 영의정이 천식에 심하게 걸렸다는데 잘 나았는지 모르겠다.

어제저녁에 종 금이를 본영으로 보냈는데 바람이 사납게 불어서 잘 도착했는지 걱정스럽다. 웅천 현감의 보고에 따르면, 왜선 14척이 와서 거제의 금이포에 머물고 있다고 하였다. 경상 수사에게 삼도의 여러 장수를 거느리고 가 보도록 하였다.

1월 15일, 맑고 따뜻함

새벽 3시쯤에 망궐례를 올렸다. 늦게 대청으로 나가 공문을 작성하여 보내고 항복한 왜인에게 술과 음식을 먹었다. 낙안과 흥양의 전선과 무기 일체 및 사수와 격군들을 점검하였다. 낙안이 가장 엉성하

고 모든 것이 제대로 되어 있지 않았다. 저녁 달빛이 매우 밝으니 풍년이 들 것 같다.

1월 19일, 맑고 따뜻함

부산에 보냈던 정탐꾼 네 명이 돌아와서 '심유경이 고니시 유키나가, 현소, 사택정성, 소서비와 함께 정월 16일 새벽에 바다를 건너갔다'는 소식을 전하였다. 그들에게 양식 세 말을 주어 보냈다. 이날 저녁에 방자방은 순찰사 서성이 온다는 말을 듣고 여러 가지 물건을 가지러 본영으로 갔다. 오늘 메주를 쑤었다.

1월 20일, 비

몸이 몹시 피곤하여 잠깐 낮잠을 잤다. 오후 2시쯤에 메주 만드는 것을 끝내고 부뚜막에 들여놓았다. 낙안 군수가 둔전에서 거둔 벼를 실어왔다고 하였다.

1월 23일, 맑고 바람이 참

작은 형님의 제삿날이라 대청에 나가지 않았다. 마음이 몹시 어지러웠다. 아침에 옷이 없는 군사 17명에게 옷을 주고 여벌로 옷 한 벌씩 더 주었다. 온종일 바람이 거세게 불었다. 밤 12시쯤에야 잠자리에 들었다. 눈이 두 치 6cm 정도 내렸는데 이런 일은 몇 년 만에 처음이라고 한다. 밤에 몸이 몹시 불편하였다.

깊이 생각해보기 — 달빛과 농사는 어떤 관계일까요?

예부터 조상들은 달빛을 보고 그해 농사가 풍년인지 흉년인지 점치기도 했어요. 달빛이 붉으면 가뭄 징조, 희면 장마가 올 징조 그리고 달의 둘레가 두터우면 풍년이 들고, 얇으면 흉년이 들 징조라고 여겼어요.

2월

2월 3일, 맑고 바람이 셈

혼자 앉아서 자식이 떠난 것을 생각하니 마음이 편하지 않았다. 적량 만호 고여우가 장담년에게 소송을 당했기 때문에 순찰사가 고여우를 파면시키려 한다고 하였다. 초저녁에 어란 만호가 와서 보고하기를, 부산의 왜놈 세 명이 성주에서 투항한 사람을 데리고 와서 장사를 한다고 하였다. 장흥 부사에게 '내일 새벽에 가서 타일러 쫓으라'고 하였다. 이 왜적들은 물건을 팔려고 하는 것이 아니라 우리를 엿보려고 하는 것이 틀림없다.

2월 6일, 흐림

새벽에 목수 10명을 거제로 보내어 배를 만들도록 하였다.

잠자는 방 천장의 흙이 떨어진 곳이 많아 수리하였다. 사도 첨사 김완이 파면되었다는 조도어사의 장계가 도착해서 본포_{전남 목포}로 보냈다. 순천 별감 유와 군관 장응진 등을 벌주고 바로 수루로 들어갔다.

적량 만호 고여우가 큰 매를 안고 왔으나 오른쪽 발가락이 다 얼어서 문드러졌으니 어찌하겠는가!

2월 10일, 맑음

저녁에 창고를 지을 곳을 직접 살펴보았다.

아침에는 웅천과 우후가 견내량에서 돌아와 왜인들이 겁에 질려 두려워하는 모습을 보고하였다. 어두울 무렵 창녕 사람이 술을 가져와서 밤이 깊어서야 헤어졌다.

2월 14일, 맑음

경상 수사가 쑥떡과 초 한 쌍을 보내왔기에 낙안 군수와 녹도 만호 등을 불러 떡을 먹였다. 새 곳간에 지붕을 잇고, 물 긷는 수고를 덜게 하려고 물을 부엌 가로 끌어놓았다.

2월 15일

새벽에 망궐례를 하고자 했으나 비가 부슬부슬 내리고 마당이 젖어서 그만두었다. 어두울 무렵에 들으니, 전라우도의 항복한 왜인들이 경상도의 왜인들과 함께 짜고서 도망갈 계획을 꾸민다고 하였다. 곧 전령을 보내어 알렸다.

아침에 화살대를 가려내어 큰 살대 111개와 그보다 작은 살대 154개를 옥지에게 주었다.

이날 밤 달빛은 대낮처럼 밝고 물빛은 비단결 같아서 자려 해도 잠이 쉬이 오지 않았다. 아랫사람들은 밤새도록 술에 취하여 노래하였다.

2월 18일, 맑음

늦게 체찰사의 비밀 공문 세 통이 왔는데, 하나는 제주목에 계속하여 군량을 보내라는 것이고, 또 하나는 영등포 만호 조계종을 심문하라는 것이며, 나머지 하나는 진도의 전선을 아직은 독촉하여 모으지 말라는 것이었다. 저녁에는 김국이 서울에서 내려왔다. 그는 비밀 공문 두 통과 달력 한 권, 서울의 조보(조선 시대에 발행한 신문)를 가지고 왔다.

2월 26일, 저녁 비

여도 만호와 흥양 군수가 와서 영리들이 온갖 방법으로 백성들을 괴롭힌다고 보고하였다. 놀랍고 기가 막힐 뿐이다. 양정언, 강기경, 이득종, 박취 등에게 무거운 벌을 내리고, 곧바로 경상도와 전라도의 못된 영리들을 잡아 들이라고 명령하였다.

견내량의 복병이 와서 보고하기를, '왜선 한 척이 견내량 쪽에서 들어와 해평장(경남 통영)에 배를 대려고 하였는데, 즉시 이들을 막아 머물지 못하도록 하였다'고 했다.

깊이 생각해보기 — 망궐례란 무엇일까요?

지방에서 일하는 관리는 직접 왕을 볼 수 없었기 때문에 왕과 궁궐의 상징인 '궐' 자를 새긴 패를 만들어 모시고 예를 올렸어요. 이 의식을 망궐례라고 해요. 특히, 왕과 왕비의 생일이나 명절에 왕과 왕비의 만수무강을 빌었답니다.

3월 12일, 맑음

몸이 피곤해서 잠깐 잠을 자고 일어났더니 피로가 풀렸다. 저녁에 소국진이 체찰사가 머무는 곳에서 돌아왔는데, 우도의 수군을 통합하여 본도로 보내라는 것은 체찰사의 뜻이 아니라고 하였다. 우스운 일이었다. 또한, 원균은 곤장 40대, 장흥 부사는 20대를 맞았다고 했다.

3월 13일, 비

저녁에 견내량에 숨어 있던 병사가 급히 달려와 전하기를 왜선이 계속해서 나온다고 하기에 여도 만호와 금갑도 만호 등을 뽑아 보냈다. 봄비가 오는 가운데 몸이 피곤하여 누워서 앓았다.

3월 14일, 비

궂은비가 걷히지 않았다. 새벽에 삼도에서 급한 보고가 왔다. '견내량 근처의 거제 당 세포에 왜선 다섯 척과 고성 땅에 다섯 척이 정박하여 상륙하였다.'라고 하였다. 그래서 삼도의 여러 장수에게 다섯 척을 더 뽑아 보내도록 명령하였다. 아침에 군량에 대한 회계를 마쳤다.

3월 18일, 맑고 바람

이날 밤바다의 달빛이 어슴푸레하고 밤기운이 몹시 찼다. 자려 해도 잠이 오지 않고, 앉으나 누우나 편하지 않았다. 다시 몸이 아팠다.

3월 22일, 맑음

아침에 종 금이를 시켜서 머리를 빗게 하였다. 늦게 우수사와 경상 수사가 나를 보러 왔기에 술을 먹여 보냈다. 그들에게 들으니 작은 고래가 섬 위로 떠밀려 와서 죽었다고 하여 박자방을 보냈다. 이날 저녁에 땀을 계속 흘렸다.

3월 23일, 맑음

새벽에 정사립이 와서, 어유 고래 기름를 많이 가져 왔다고 하였다. 새벽 4시쯤에 몸이 불편하여 금이를 불러 머리를 긁게 하였다. 종 금이가 편지를 가져 왔는데 어머니께서 평안하시다고 하였다.

이날 비로소 미역을 땄다. 밤 12시쯤에 비로소 잠이 들었는데 땀이 흘러서 옷을 적시는 바람에 옷을 갈아입고 다시 잤다.

깊이 생각해보기 — 왜 고래 기름을 받아왔을까요?

조선 시대에 고래 기름은 귀한 물건이었어요. 등불을 밝히는 데 쓰거나 양초를 만들기도 하고 다양하게 활용했어요.

4월 3일, 맑고 동풍이 붊

어제저녁에 견내량에 숨어 있던 병사가 와서 급하게 알리길, '왜놈 네 명이 부산으로 장사하러 나왔다가 바람에 밀려 떠내려왔다.'고 하였다. 그래서 새벽에 녹도 만호 송여종을 보내어 그 이유를 묻고 처리하도록 하였다. 상황을 살펴보니, 정탐하러 온 것이 분명하므로 목을 베어 죽였다. 우수사에게 가 보려다가 몸이 불편하여 가지 못하였다.

4월 7일, 맑음

부찰사 한효순이 군사들에게 상을 나눠 주었다. 새벽에 부산에서 온 사람이 명나라의 수석 사신 이종성이 달아났다고 하였다. 무슨 까닭인지 모르겠다.

4월 19일, 맑음

습하고 더운 기운 때문에 침을 20대나 맞았다. 그러자 속에서 열이 나고 가슴이 답답해 온종일 방에서 나가지 못하였다. 이날 아침에 남여문이 와서 도요토미 히데요시가 죽었다는 말을 하였다. 기쁘기 그지

없으나 아직 믿을 수가 없었다. 이 소문은 오래전부터 퍼졌지만, 아직 확실한 기별이 오지 않았다.

4월 22일, 맑음

부산에서 허내은만이 보고서를 보냈는데, '명나라 사신 이종성은 달아나고, 부사 양방형만 왜적의 진영에 있다. 4월 8일에 이종성이 달아난 이유를 임금께 아뢰었다'고 하였다. 김 조방장이 와서 말하기를, 노천기가 술에 취해 망령을 부리다가 본영의 진무 황인수, 성복 등에게 욕을 당했다고 하므로 곤장 30대를 쳤다. 활 10순을 쏘았다.

4월 30일, 맑음

저녁에 한 번 목욕하였다. 우수사와 충청 우후가 차례로 와 만나고 돌아갔다. 오후 늦게 부산의 허내은만에게 보고서가 왔는데, 고니시 유키나가가 군사를 철수하여 돌아갈 뜻이 있는 것 같다고 하였다. 어머니께서 평안하시다는 편지가 왔다.

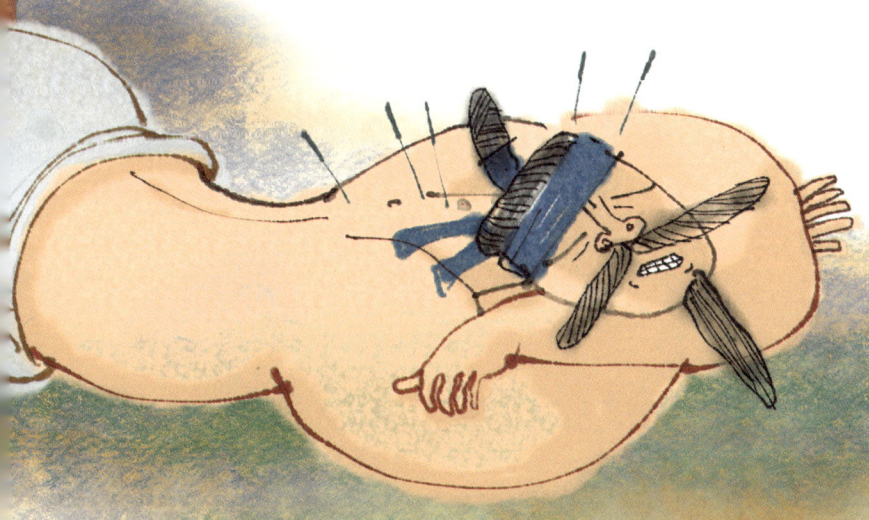

5월

5월 3일, 맑음

가뭄이 너무 심해서 걱정이다. 내 속도 바짝바짝 타들어 간다. 경상 우후 이의득이 와서 활 15순을 쏘았다. 쇠를 녹여 총통 두 자루를 만들었다.

5월 5일, 맑음

싸우다 죽은 군사들을 위해서 새벽에 여제를 지내고 여러 장수와 같이 위로의 술을 마셨다. 경상 수사가 씨름을 시켰는데, 낙안 군수 임계형이 으뜸이었다. 밤이 깊도록 마음껏 놀고 즐기게 하였다. 오랫동안 싸움터에서 고생하는 장수들을 조금이라도 달래 주고 싶었다.

5월 6일, 흐리다가 비

비가 와서 농부들이 바라던 대로 물이 채워지니 한시름 덜었다. 땅거미가 질 무렵, 총통 만들 때 쓰는 숯을 넣어 두는 창고에 불이 났다. 감독관들이 새 숯을 쌓을 때 묵은 숯에 아직 불씨가 살아 있는지 살피지 않았기 때문이다. 한심한 일이다.

아들 울과 김대복이 배를 함께 타고 나갔는데 비가 많이 와서 잘 갔는지 모르겠다. 밤새도록 앉아서 걱정했다.

5월 12일, 맑음

몸이 불편하여 종일 신음하였다. 김해 부사 백사람에게서 급한 보고가 왔다. 부산의 왜적에 붙었던 김필동이 보낸 편지에서처럼 도요토미 히데요시가 없어도 정사와 부사가 그대로 있으니 화친을 결정하고 군사를 철수하려고 한다는 내용이었다.

5월 13일, 맑음

부산에 있는 허내은만에게서 보고가 왔다. 가토 기요마사란 왜적이 이미 10일에 그의 군사를 거느리고 바다를 건너갔고, 각 진에 있는 왜적들도 앞으로 철수할 것이며, 부산의 왜적들은 명나라 사신을 모시고 바다를 건너가려고 그대로 남아 있다는 내용이었다.

5월 15일, 맑음

새벽에 망궐례를 올렸다. 한산도 뒤의 상봉에서 다섯 섬과 내나로를 볼 수 있다고 하기에 혼자 말을 달려 올라가 보니 과연 볼 수 있었다. 늦게 조그만 냇가로 내려와 조방장과 거제 현령과 함께 점심을 먹었다. 어두워져 따뜻한 물에 목욕을 하고서 잤다. 바다 위의 달빛은 훤한데 바람 한 점 없었다.

5월 18일, 비 온 뒤 안개

체찰사의 공문이 들어왔다. 늦게 경상 수사가 와서 만났다. 나가서 나랏일을 보고 활을 쏘았다. 저녁에 탐후선이 들어왔는데, 어머니께서 평안하시나 드시는 것이 전보다 줄었다고 하니 걱정이 되어 눈물이 났다. 춘절이 누비옷을 가지고 왔다.

5월 24일, 흐림

나라 제삿날 문종의 제사이라 나랏일을 보지 않았다. 저녁에 나가 활 10순을 쏘았다. 부산 허내은만의 보고서가 들어왔다. 좌도 각 진영의 왜군들이 모두 철수하여 떠나고 부산의 왜군만 남았다고 했다. 명나라 수석 사신이 바뀌어 새로 정해진 사람이 온다는 소식이 22일 부산에서 왔다고 한다. 허내은만에게 술쌀 10말과 소금 1곡 10말을 주어 보내며, 최선을 다해 정보를 모아서 전하라고 하였다.

박옥, 옥지, 무재 등이 화살대 150개를 처음으로 만들어냈다.

깊이 생각해보기 — 5월 5일에 왜 씨름을 시키며 놀았을까요?

음력 5월 5일 단오에는 단오떡을 해 먹고 여자는 창포물에 머리를 감고 그네를 뛰며, 남자는 씨름을 하면서 하루를 보내는 우리나라 명절이에요. 예로부터 단오에 남자들은 씨름을 즐겼어요. 이순신 장군은 군사들을 놀리면서도 훈련 방법으로 씨름을 하게 했어요.

6월 1일, 비

윤연이 자기 포구로 간다고 하기에 도양장의 종자 콩이 부족하거든 김덕록에게서 가져가도록 체지영수증를 써 주었다. 남해 현령이 부임 명령서를 가지고 와서 바쳤다.

6월 20일, 맑음

어제 아침 평산포 만호 김축에게 제때에 진에 도착하지 않은 까닭을 물으니, 날짜를 정해주지 않았기에 50여 일을 물러나 있었다고 답하였다. 해괴하기 짝이 없어서 곤장 30대를 쳤다. 임달영이 들어와 소를 거래한 견적서와 제주 목사의 편지를 전했다.

6월 24일, 맑음

일찍 나가서 충청 우후와 함께 활 15순을 쏘았다. 항복한 왜군 야여문 등이 동료인 신시로를 죽여 달라고 청하기에 죽이라고 명령하였다. 남원의 김굉이 군량을 축낸 것을 증명할 수 있는 자료를 얻고자 찾아왔다.

7월 2일, 맑음

아침을 먹고 나서 경상도의 진영으로 가서 순찰사와 함께 이야기하였다. 얼마 후 새 정자로 올라가 앉았다. 편을 갈라 활을 쏘았는데, 경상 순찰사 편이 162점이나 졌다. 종일토록 매우 즐겁게 보내고 촛불을 켜 들고 돌아왔다.

7월 9일, 맑음

오후에 경상 우수사가 와서 통신사가 탈 배에 풍석돛을 만드는 돗자리을 준비하기가 어렵다고 했다. 그 말 속에는 우리 배를 빌려 탔으면 하는 뜻이 담겨 있었다. 물을 끌어들이는 데 사용할 대나무와 부채를 만들 대나무를 구하기 위해 박자방을 남해로 보냈다. 부채는 서울 가는 사람이 부탁한 것이다.

7월 10일, 맑음

새벽녘에 꿈을 꾸었다. 어떤 사람은 멀리 화살을 쏘고, 어떤 사람은 갓을 발로 차서 짓뭉갰다. 잠에서 깨어 점을 쳐 보니, 적들이 멀리 도망가고 적의 우두머리를 모조리 잡아 없앨 징조였다. 좋은 꿈이었다.

저녁 무렵, 체찰사에게 전령이 왔는데, '첨지 홍신이 명나라 사신을 따라가는 정사가 되고, 권황이 부사가 되어 곧 바다를 건너 일본에 갈 것이다. 그러니 그들이 타고 갈 배 세 척을 준비해 부산으로 보내라'는 내용이었다. 경상 우후가 흰무늬 돗자리 150닢을 빌렸다.

경상 수사가 급히 달려와 춘원포에 적선 한 척이 들어왔다고 알렸다. 여러 장수에게 샅샅이 찾아내라고 명하였다.

7월 13일, 맑음

명나라 사신을 따라갈 사람들이 탈 배 세 척을 정비하여 오전 10시쯤에 보냈다. 늦게 활 13순을 쏘았다. 어두울 무렵 항복해 온 왜인들이 광대놀이를 벌였다. 장수 된 자로서 그냥 두고 볼 일은 아니었지만, 항복하여 따르는 왜인들이 마당놀이를 간절히 바라기에 그냥 놔두었다.

7월 17일, 비 오다 갬

충청도 홍산에서 큰 도둑 이몽학이 도발하여 홍산 현감 윤영현이 붙잡히고, 서천 군수 박진국도 끌려갔다고 한다. 바깥 노눅도 아직 없애지 못했는데 나라 안의 도둑들이 난리이니 참으로 놀라운 일이다. 남치온과 고성 현령, 사천 현감이 돌아갔다.

7월 20일, 맑음

본영의 탐후선이 들어와서 어머님께서 평안하시다고 전하니 기쁘고 다행이다. 토적_{지방의 도적} 이몽학이 이시발의 총에 맞아 죽었다고 하니 참으로 다행이었다.

7월 21일, 맑음

거제 현령과 나주 판관, 홍주 판관이 옥포 만호, 웅천 현감, 당진포 만호와 함께 왔다. 옥포에는 배 만드는 데 쓸 양식이 없다고 하므로 체찰사에 관계된 군량 20말을 주고, 웅천과 당진포에는 배 만들 쇠 15근을 함께 주었다.

이날 아들 회가 하인 수에게 곤장을 쳤다고 하기에 아들을 뜰 아래로 불러 잘 타일렀다. 밤 10시쯤에 땀이 줄줄 흘렀다. 통신사가 청하는 표범 가죽을 가지고 오도록 배를 본영으로 보냈다.

7월 22일, 바람이 셈

저녁에 순천 관리의 공문에 '충청도 도둑들이 홍산_{부여}에서 일어났다가 처형되었고, 홍주 등 세 고을이 포위되었다가 간신히 벗어났다'고 전하였다. 참으로 놀라운 일이다. 밤 12시쯤에 비가 크게 쏟아졌다. 낙안의 교대할 배가 들어왔다.

8월

8월 3일, 맑고 가끔 비

지이에게 새로 만든 활을 펴보게 하였다. 조방장과 충청 우후가 와서 만나고 거기서 활을 쏘아 관통시켰다. 아들들이 무게가 6냥인 활을 쏘았다. 늦게 송희립과 아들들을 시켜 공적이 기록되어 있는 황득중, 김응겸에게 허통공_{벼슬 허가서}을 만들어 주게 하였다.

8월 9일, 흐림

아침에 수인에게서 생마 330근을 받았다. 하동에서 만든 도련지 20권, 주지 32권, 장지 31권을 김응겸과 곽언수 등에게 주어 보냈다. 마량 첨사 김응황이 평가에서 낮은 등급을 받고 떠나갔다. 몸이 몹시 불편하고 밤에 땀이 많이 났다.

8월 10일, 맑음

아침에 충청 우후가 문병을 왔다가 조방장과 함께 아침을 먹었다. 송한련에게 그물을 만들라고 생마 40근을 주어서 보냈다. 몸이 몹시 불편하여 한동안 베개를 베고 누워 있었다. 늦게 두 조방장과 충청 우후를 불러서 상화 떡을 함께 만들어 먹었다. 어두울 무렵 달빛은 비단 같고, 마음은 만 갈래라 잠을 이루지 못하였다.

8월 11일, 맑고 동풍이 셈

조방장 배흥립과 같이 활터로 올라가 말 달리는 것을 보았다. 초저녁에 거제 현령이 달려와 말하길, 적선 한 척이 등산경남 마산에서 거제 땅 송미포로 들어갔다고 하였다. 밤 10시쯤에 또 보고하기를, 아자포로 옮겨 정박하였다고 하였다. 배를 정비하여 내보낼 즈음에 또다시 보고하기를, 견내량을 넘어갔다고 하였다. 그래서 복병장이 찾아서 잡아다가 신문하였다.

8월 20일, 동풍이 세게 붊

새벽에 전선을 만들 재목을 끌어 내리기 위해서 우도 군사 300명, 경상도 군사 100명, 충청도 군사 200명, 전라좌도 군사 390명을 송희립이 거느리고 갔다. 늦은 아침에 조카 봉, 해와 아들 회, 면, 조카 완이 최대성, 윤덕종, 정선 등과 함께 들어왔다.

8월 27일, 맑음

일찍 길을 떠나 사천에서 점심을 먹은 뒤, 곧장 진주로 가서 체찰사 이원익을 만났다. 오랫동안 그와 의논한 뒤 해 질 무렵에 진주 목사 나정언의 거처로 왔다. 이용제가 반란 음모를 꾸미는 역적들의 편지를 가지고 왔다.

윤 8월 7일, 맑음

아침에 아산의 종 백시가 들어왔다. 가을보리의 소출이 43섬이고, 봄보리는 35섬이며, 어미 생선과 바꾼 쌀는 모두 12섬 4말인데, 또 7섬 10말이 나고, 또 4섬이 났다고 하였다. 이날 늦게 나가 나랏일에 대해 보고 문서를 작성하여 보냈다.

윤 8월 10일, 맑음

새벽에 초시 무과의 맨 처음 시험를 열었다. 면은 활을 55보, 봉은 35보, 해는 30보, 회는 35보, 완은 25보를 쏘았다고 하였다. 진무성이 쏜 것은 55보로 합격이었다.

윤 8월 12일, 맑음

종일 노를 바삐 저어 밤 10시쯤에 어머님께 이르렀다. 백발의 어머니가 나를 보고 놀라 일어나시는데 숨이 곧 끊어지려는 모습이 아침저녁을 넘기시기 어렵겠다. 눈물을 머금고 서로 붙들고 앉아 밤새도록 이야기하며 기쁘게 해 드리고 마음을 풀어 드렸다.

윤 8월 14일, 맑음

새벽에 두치에 이르니, 체찰사 이원익과 부찰사 한효순이 벌써 어제

왔다고 하였다. 그 뒤를 잇달아 점검하는 곳으로 가서 진주 소촌 찰방을 만나고 일찍 광양현에 이르렀다.

지나온 지역이 온통 쑥대밭이 되어 쳐다볼 수 없을 정도로 참혹했다. 배 정비 하는 일에서 빼 주어 군사와 백성들의 걱정을 덜어주어야겠다.

윤 8월 24일, 맑음

부찰사 한효순과 함께 가리포로 갔더니 우후 이정충이 먼저 와 있었다. 남쪽 망대에 오르자, 좌우로 적들이 다니는 길과 여러 섬이 또렷이 보였다. 이곳은 전라도 전체의 요충지였다. 그러나 따로 멀리 떨어져 있어서 위험하기 때문에 어쩔 수 없이 해남 땅 이진으로 옮겨 합쳤다. 원균의 흉악한 행동은 적지 않겠다.

깊이 생각해보기 — 이순신 장군은 왜 습열에 걸린 걸까요?

'습열'이란 몸이 무겁고 땀이 많이 나며 열이 오르는 병의 증상이에요. 내륙지방인 아산에서 태어나고 자란 이순신 장군은 바다에서 근무하면서 그 지역 사람보다 더욱 힘들었던 거예요. 그러나 이런 병에 시달리면서도 나라와 백성 생각을 게을리하지 않았어요.

9월

9월 6일, 맑음

체찰사에게 먼저 무안으로 가겠다고 말하고 길을 떠났다. 고막원에 이르러 점심을 먹고 나니 나주 감목관 나덕준이 뒤따라와 만났다. 그와 이야기를 하는 동안 원통하고 슬픈 일이 많았다. 저물어서야 무안에 닿았다.

9월 8일, 맑음

아침에 쇠고기 반찬이 올라왔는데 나라 제삿날_{세조의 제사}이라 먹지 않고 도로 내놓았다. 아침을 먹은 뒤 길에 올라 감목관에게 갔더니 영광 군수가 함께 있었다. 국화밭 속에 들어가서 술 두어 잔을 마셨다.

저물녘에 동산원_{무안 현경 동산리}에 와서 말에 여물을 먹이고 말을 재촉하여 임치진_{무안 해제 임수리}에 이르니, 여덟 살 된 이공헌의 딸이 그 사촌의 계집종 수경과 함께 들어와 인사했다. 이공헌을 생각하니 슬픈 마음이 들었다. 종 수경은 길에 버려진 것을 이공헌의 집에서 데려다가 기른 아이다.

9월 17일, 맑음

체찰사와 부찰사는 입암산성으로 가고, 나 혼자 진원현에 이르러 진원 현감 심윤과 이야기하였다. 날이 저물어 관아에 도착하니, 두 조카딸이 나와 있었다. 오랜만에 회포를 풀었다.

9월 20일, 비

아침에 각종 사무를 담당한 색리들의 죄를 논하였다. 늦게 목사를 만나보고 길을 떠나려 할 즈음에 명나라 사람 두 명이 이야기하자고 청하므로 술을 취하도록 먹였다. 종일 비가 내려 멀리 가지 못하고 화순에 이르러 잤다.

9월 24일, 맑음

일찍 떠나서 병사 선거이 집에 이르렀다. 한데, 선 병사의 병이 극히 위중하여 위태로울까 걱정스러웠다. 저물녘 낙안에 이르러 잤다.

깊이 생각해보기 — 이순신 장군은 왜 활쏘기를 했을까요?

이순신 장군은 틈나는 대로 활쏘기 연습을 계속해서 정신을 집중하고 마음을 수양할 수 있도록 몸과 마음을 단련하고 전쟁에 대비했어요. 실제로 전쟁에 나가서는 활을 쏘아 왜적을 물리쳤어요.

10월

10월 1일, 비바람

비가 오고 바람이 세게 부는데도 새벽에 망궐례를 올렸다. 어머니를 뵈러 가는 길에 신 사과 정육품의 벼슬가 임시로 머무르고 있는 곳에 들렀다가 몹시 취해서 돌아왔다.

10월 3일, 맑음

새벽에 배를 돌려 어머니를 모시고 본영으로 돌아와서 종일토록 즐겁게 모실 수 있었다. 정말 다행한 일이었다. 흥양 현감이 술을 가지고 왔다.

10월 5일, 흐림

남양 아저씨 집안에 제사가 있어 일찍 다녀왔다. 남해 현령과 함께 이야기했다. 날씨가 흐린 것으로 보아 비가 많이 올 것 같았다. 순천 부사는 석보창 전남 여수시 여천동에서 머무르다가 그대로 잤다.

10월 7일, 맑음

아침 일찍 어머니의 장수를 축하하는 잔치를 열어 종일토록 즐기니 참으로 기뻤다. 남해 현령은 조상의 제삿날이어서 먼저 돌아갔다.

10월 8일, 맑음

어머니가 건강하셔서 걱정할 것이 없으니 참으로 다행이다. 순천 부사와 서로 작별의 술잔을 나눈 다음에 떠나보냈다.

10월 9일, 맑음

온종일 어머니를 모셨다. 내일 진중으로 들어갈 일로 어머니께서는 다소 서운해하는 빛을 띠셨다.

10월 10일, 맑음

낮 12시에 어머니께 떠난다는 인사를 드리고 오후 2시쯤에 배를 띄웠다. 돛을 펴고 바람을 따라 밤새도록 노를 저어 갔다.

깊이 생각해보기 — **조선 시대의 생일잔치는 어땠을까요?**

첫 번째 생일은 '돌'이라고 하여 특히 축하했어요. 먹을 것을 준비해 이웃과 나누어 먹고 책, 붓, 국수, 실 등을 곁들인 돌상을 차려 잡도록 했어요. 어른들의 생일잔치는 '수연'이라고 했어요. 특히, 61세가 되는 환갑은 장수를 축하하는 의미에서 큰 잔치를 벌였어요.

제 6 장

정유일기

정유년 1597년
명량에서 왜적을 격파하다

잠잠했던 왜군이 다시 전쟁을 일으켰다.
이순신 장군은 2월에 가토 기요마사가 침략한다는 거짓 정보에
출동하지 않았더니 명령을 어겼다고 하여 서울로 끌려갔다.
감옥에 갇혀 있다가 4월 1일에 풀려나 백의종군하게 되었다.
그 와중에 어머니가 돌아가셨다.
7월 원균이 이끌던 조선 수군이 칠천량 해전에서 크게 졌다.
이순신 장군은 8월에 삼도수군통제사에 재임명되었다.
9월 '아직 12척의 배가 있어 싸울 수 있다.'라고 하며 출전하여
명량에서 12척으로 왜선 133척과 싸워 크게 승리하였다.
승리의 기쁨도 잠시 10월에 아들 면이
왜적과 싸우다 죽고 말았다.

4월 1일, 맑음

옥문을 나왔다. 남대문 밖에 있는 윤간의 종 집에 머무르게 되었다. 조카 봉과 분 그리고 아들 울, 윤사행, 원경과 한 방에 더불어 앉아서 오래도록 이야기하였다. 지사 윤자신이 와서 위로하였고, 비변랑 이순지

가 와서 만났다. 지사 윤자신이 돌아갔다가 저녁밥을 먹은 뒤에 술을 갖고 다시 왔다. 위로하며 정으로 권하기에 사양할 수 없어서 억지로 마셨더니 몹시 취하였다. 영의정 류성룡이 종을 보내고, 판부사 정탁, 판서 심희수, 찬성 김명원, 참판 이정형, 대사헌 노직, 동지 최원, 동지 곽영 등이 사람을 보내 인사를 전하고 나의 안부를 물었다.

4월 3일, 맑음

아침 일찍 서둘러 남쪽으로 길을 떠났다. 금오랑 이사빈, 서리 이수영, 나장 한언향은 먼저 수원부로 보냈다. 나는 인덕원에서 말을 잠시 쉬게 하고 조용히 누워서 쉬었다. 해 질 무렵에 수원에 들어가서 경기 체찰사 홍이상 수하의 이름도 모르는 병사의 집에서 잤다. 신복룡이 우연히 왔다가 나의 초라한 차림새를 보고는 술을 가지고 와서 위로해 주었다. 순천 부사 류영건이 나와서 만났다.

4월 4일, 맑음

일찍 길을 떠나서 독성 수원 태양읍 아래에 도착하니 반자 조발이 장막을 치고 술을 준비해서 기다리고 있었다. 취하도록 술을 마시고 길을 떠나서 바로 진위구로 평택 진위면를 거쳐 냇가에서 말을 쉬게 했다. 오산의 황천상 집에 이르러 점심을 먹었다. 황천상은 내 짐이 무겁다고 하며 말을 준비해서 짐을 싣게 해 주었다. 참으로 고마웠다.

수탄을 거쳐서 평택현 이내은손의 집에 묵었는데 매우 친절하게 대접해 주었다. 좁은 방에 불을 때서 땀을 낼 수 있었다.

4월 5일, 맑음

해가 뜰 때 길을 떠나서 곧장 아산의 선산조상의 산소에 이르렀다. 벌써 두 번이나 산불이 나서 말라비틀어진 나무들이 보기 흉하였다. 산소 앞에서 울며 절하고 한참 동안 일어나지 못하였다.

저녁때 외가에 들러서 사당에 절하고, 곧바로 큰 조카 뇌의 집으로 가서 조상의 사당에 울면서 절을 올렸다. 남양 아저씨가 세상을 떠나셨다고 하였다. 저녁에 집에 도착해서 장인과 장모의 신위 앞에 절하였다. 작은 형님과 아우 여필의 부인인 제수의 사당에도 다녀왔다. 잠자리에 들었지만, 마음이 편치 않았다.

4월 11일, 맑음

새벽꿈이 매우 이상하여 마음이 어지럽다. 덕이를 불러서 대강 이야기하고 아들 울에게도 말하였다. 마음이 몹시 언짢아서 취한 듯 미친 듯 마음을 가눌 수 없으니, 이것이 무슨 징조인가. 병드신 어머니를 생각하니, 나도 모르게 눈물이 흐른다. 종을 보내어 어머니의 소식을 알아오게 하였다.

4월 12일, 맑음

종 태문이 안흥량에서 돌아와 편지를 전하는데, '어머니께서는 숨이 거의 끊어지려 하시며, 9일 위아래 사람들은 모두 무사히 안흥에 도착하였다'고 하였다.

4월 13일, 맑음
일찍 밥을 먹고 나서 어머니를 마중하려고 바닷가로 나갔다. 가는 길에 홍찰방 집에 들러서 잠깐 이야기하였다. 얼마 후 종 순화가 와서 어머니가 돌아가셨다고 하였다. 그 길로 달려나가 가슴을 치며 슬퍼하니 하늘의 해조차 캄캄했다. 바로 해암 충남 아산 으로 달려가니 배는 벌써 와 있었다. 가슴이 찢어지는 슬픔을 이루 다 적을 수가 없다.

4월 14일, 맑음
홍찰방과 이별좌가 들어와서 곡을 하고 관을 짰다. 관의 재목은 본영에서 준비해 왔는데, 조금도 흠난 데가 없다고 하였다.

4월 15일, 맑음
늦은 시간에 어머니의 시신을 관에 모셨다. 아버님의 친구 오종수가 정성을 다해서 장례를 치르게 해 주시니 뼈가 가루가 되어도 잊지 못하겠다. 관에 대해서만은 서운함이 없으니 이깃만은 다행이다.

천안 군수가 들어와서 행상을 준비해주고, 전경 복씨가 연일 상복 만드는 일 등에 성심을 다해주니 슬프고 감사한 마음을 어찌 말로 다 하랴.

4월 16일, 비

배를 끌어 중방포 앞으로 옮겨 대고 어머니 시신을 상여에 올려 싣고 집으로 돌아왔다. 마을을 바라보니 마음이 찢어질 듯 아팠다. 집에 도착하여 빈소를 차렸다. 비가 퍼붓듯 쏟아졌다. 나는 기운이 다 빠진 데다 다시 남쪽으로 가야 하니 애통하여 울부짖으며 곡하였다. 어서 죽기를 바랄 뿐이다.

4월 19일, 맑음

일찍 길을 떠나며 어머니 영전에 울부짖으며 곡하였다. 어찌하랴, 어찌하랴. 천지에 나와 같은 사정이 또 있겠는가. 어서 죽는 것만 못하구나. 조카 뇌의 집에 이르러 조상의 사당 앞에서 인사를 올렸다. 말에 올라 금곡, 보산원을 거쳐서 천안으로 향하였다. 곳곳을 지날 때마다 사람들이 찾아와 나를 위로하고 조문하였다.

4월 27일, 맑음

저녁에 정원명의 집에 도착하자, 도원수 권율이 군관 권승경을 보내 조문하고 안부를 물었다. 그의 위로에 진심이 가득 담겨 있었다. 저녁에는 순천 부사 우치적이 와서 만났고, 정사준이 와서 삼도수군통제사가 된 원균의 흉악한 짓을 많이 말하였다.

4월 28일, 맑음

아침에 도원수 권율이 군관 권승경을 보내어 안부를 묻고서, "어머니상을 당해 몸이 피곤할 테니 기운이 회복되거든 나오라. 그리고 군관을 나오게 할 테니, 그 군관의 시중을 받고 몸을 추스르도록 하라." 면서 각별히 배려해 주었다.

깊이 생각해보기 — 이순신 장군은 왜 백의종군하게 되었나요?

'백의종군'이란 흰옷을 입고 군사를 좇는다는 뜻으로 벼슬을 다 잃고 병사가 되는 거예요. 조선 조정에서 가토의 왜군을 토벌하라고 했는데 이순신 장군은 위험한 상황을 만들 수 없어 출동하지 않았어요. 이것을 이유로 이순신 장군을 시기하던 조정 관리들이 이순신 장군을 잡아 들여 죽이려고 했지만, 다른 대신들이 전쟁 중에는 장수를 죽이는 법이 없다며 말렸어요. 그래서 도원수 권율의 군대로 백의종군하게 되었어요.

5월 3일, 맑음

아침에 둘째 아들 울의 이름을 열로 고쳤다. 기쁠 열은 '새싹이 처음 돋아나고, 풀과 나무가 무성하게 자란다'라는 뜻이니 글자의 뜻이 매우 아름답다. 늦게 강소작지가 나를 보러 왔다가 곡을 했다. 오후 4시 쯤부터 비가 내렸다.

5월 4일, 비

오늘은 어머니의 생신날이다. 어머니가 세상에 안 계시니 슬프고 그리운 마음을 어찌 견디랴. 닭이 울 때 일어나서 가만히 앉아있으려니 눈물만 흘렀다. 오후에 비가 크게 내렸다.

5월 5일, 맑음

새벽꿈이 매우 어지러웠다. 늦게 충청 우후 원유남이 한산도에서 와서 원균의 못된 짓에 대해 많이 말해 주었다. 또한, 진중의 군사들이 그를 따르지 않으니 앞일이 걱정이라고 하였다.

오늘은 단오절인데, 멀리 천리 밖에서 백의종군하느라 어머니 장례도 못 지내니 이 죄를 어이할꼬! 곡하고 우는 것조차 마음대로 할 수 없다. 무슨 죄가 있어서 이런 고통을 당한단 말인가! 나 같은 사람은 옛날이나 지금이나 그 어디에도 없을 것이다. 가슴이 갈가리 찢어지는 구나!

5월 6일, 맑음

꿈에 돌아가신 두 형님을 만났다. 두 분이 나를 붙잡고, "네가 천리 밖으로 나와 있으니, 어머니 장례는 누가 치른단 말이냐? 통곡한들 무엇 하랴." 하면서 울었다. 두 형님의 영혼이 나를 따라와 애달파하니 슬프기 그지없다. 그동안 꿈자리가 어지러웠던 것이 바로 두 형님의 걱정 때문이었나 보다. 슬픔이 더욱 북받친다. 아침저녁으로 그립고 서러운 마음에 눈물이 엉겨 피가 되건만, 저 하늘은 어찌 아득하기만 하고 내 사정을 살펴주지 않는가! 왜 어서 죽지 않는 것인가.

5월 8일, 맑음

아침에 승장 수인이 밥 지을 승려 두우를 데리고 왔다. 종 한경은 일 때문에 보성으로 보냈다. 흥양의 종 세충이 녹도에서 망아지를 끌고 왔다. 궁장 이지가 돌아갔다. 새벽에 꿈을 꾸었는데 사나운 범을 때려잡아서 가죽을 벗기고 휘두르는 꿈이었다. 도대체 이건 무슨 징조인지 모르겠다.

한산도에서 돌아온 이경신이 통제사 원균의 일에 대해 말하였다. 원균이 서울로 올려보내는 뇌물 보따리가 길가에 늘어섰고, 날이 갈수록 나를 헐뜯는 일이 더욱 심해진다고 하니 이를 어찌하랴. 원균이 여러 가지 계략으로 나를 모함하려고 덤비는 것도 내 운수로다. 그저 때를 잘못 만난 것을 나 스스로 한탄할 뿐이다.

5월 20일, 맑음

저녁 무렵에 체찰사 이원익에게 갔다. 체찰사는 어머니를 잃은 나를 위로하는 뜻으로, 소복을 입고 맞이하였다. 그는 조용히 이야기하다 몇 번이나 깊이 탄식하였다. "일찍이 임금님이 편지를 보냈는데, 거기에 미안하다는 말이 많았습니다. 그런데 그 뜻을 모르겠습니다. 원균의 거짓된 행동이 심하건만 임금께서는 굽어살피지 못하니 장차 나랏일을 어찌한단 말입니까!"라면서 한숨을 내쉬었다.

5월 21일, 맑음

서울에서 내려온 박천^{평안북도} 군수 류해가 한산도로 가서 공을 세우겠다고 말하였다. 또 과천의 좌수 안홍제 등이 이상공에게 말과 스무 살짜리 계집종을 바치고서 풀려났다고 하였다. 안홍제는 원래 죽음죄도 아닌데 맞아서 거의 죽게 되자, 뇌물을 바치고서야 풀려났다는 것이다. 안팎이 모두 뇌물의 많고 적음에 따라 죄의 무게를 정하다니, 이러다가는 나라가 어떻게 될지 모르겠다. 이야말로 돈만 있으면 죽은 사람의 넋도 살아나게 한다는 것인가!

5월 24일, 맑고 동풍이 셈

아침에 광양 고응명의 아들인 고언선이 보러 와서 한산도의 일을 전하였다. 체찰사가 군관 이지각을 보내 안부를 묻고, "경상 우도의 바닷가 지도를 그리고 싶으나, 도무지 방법이 없습니다. 본 대로 지도를 그려 주면 고맙겠습니다."라고 하였다. 거절할 수 없어서 지도를 대강 그려 보냈다.

5월 26일, 종일 비

비를 맞으며 길을 떠났다. 석주관전남 구례에 이르니 비가 억수같이 쏟아졌다. 말을 쉬게 했지만 엎어지고 자빠지며 간신히 악양경남 하동 이정란의 집에 이르렀다. 그러나 문을 닫은 채 우리가 머무는 것을 거절하였다. 종들이 사방으로 흩어져 알아보았으나 묵을 만한 곳이 없었다. 이정란의 집은 김덕령의 아우 김덕린이 빌려 살고 있었는데, 아들 열이 사정해 겨우 들어가 묵었다. 옷과 짐이 모두 흠뻑 젖었다.

깊이 생각해보기

이순신 장군은 왜 어머니의 장례를 치를 수 없었을까요?

조선 시대 상례는 벼슬에 따라 정해져 있었어요. 4품 이상의 관리는 3개월 이후에 장례를 치르고, 5품 이하의 관리는 달을 넘겨서 장례를 치러야 했기 때문에 이순신 장군은 돌아가신 어머니의 장례를 치르지 못하고 길을 떠나야 했어요.

6월 1일, 비

일찍 출발해서 청수역 경남 하동 시냇가 정자에서 잠시 쉬었다. 저물 무렵 단성 경남 산청 땅과 진주 땅의 경계에서 농사짓는 박호원의 종 집에 묵었다. 주인이 반갑게 맞이했으나 잠자리가 불편하여 겨우 밤을 보냈다. 밤새도록 비가 내렸다. 하동 현감이 기름종이 한 장, 장지 두 권, 흰 쌀 한 섬, 참깨 다섯 말, 들깨 세 말, 꿀 다섯 통, 소금 다섯 말, 밀을 먹인 종이 다섯 장 등을 보내 주었다.

6월 3일, 비

비가 계속 내렸다. 아침에 출발하려다가 비가 많이 와서 고민하고 있는데 도원수의 군관 류홍이 흥양에서 왔다. 그에게 길을 물어보니 출발할 수 없을 정도라고 하여 그대로 묵었다. 아침에 고을 사람에게 밥을 얻어먹었다는 말을 들었기에 종들을 매질하고 쌀을 돌려주었다.

6월 4일, 흐리다가 맑음

일찍 출발하여 막 떠나려는데 현감 신효업이 문안편지와 함께 길 가는데 쓸 돈까지 보내왔다. 낮에 합천 땅에 이르러 고을에서 10리쯤 떨어진 홰나무 정자가 있는 곳에서 아침밥을 먹었다. 너무 더워서 한참 동안 말을 쉬게 한 후, 5리쯤 가니 갈림길이 있었다. 하나는 바로 고을로 들어가는 길이고, 다른 하나는 초계로 가는 길이다. 강을 건너지 않고 곧바로 10리를 가니 도원수 권율의 진이 바라보였다. 문보가 사는 집에 들어가서 잤다.

개연 경남 합천 으로 걸어오는데 기암절벽이 천 길이나 되고, 강물은 굽어 흐르고 깊었으며, 길은 험하고 다리는 위험해 보였다. 만일 이 험한 곳을 눌러 지킨다면, 만 명의 군사도 지나가기 어려울 것이다. 이곳이 모여곡이다.

6월 6일, 맑음

머물러 지낼 방을 새로 도배하고, 군관들이 쉴 곳도 두 칸을 더 만들었다.

6월 10일, 맑음

아침나절에 가라말 검은말, 워라말 얼룩말, 간자짐말 이마와 뺨이 흰말, 유짐말 갈기는 검고 배가 흰말 등의 편자가 떨어진 것을 갈아 박았다. 원수의 종사관이 삼척 사람 홍연해를 보내어 문안하고 늦게 보러 오겠다고 하였다. 홍연해는 홍견의 삼촌 조카이다. 어릴 때 죽마고우인 서철이 합천 땅 동쪽 율진에 사는데, 내가 왔다는 소식을 듣고 나를 만나러 왔다. 아이 때

이름은 서갈박지였다. 그에게 음식을 대접해서 보냈다.

저녁에 원수의 종사관 황여일이 와서 임진년에 왜적을 무찌른 일에 대해 훌륭하다고 감탄하였다. 또한, 산성에 험한 요새를 설치하지 않은 데 대한 한탄과 지금의 토벌과 방비가 허술한 것 등에 대해 돌아갈 것도 잊고 밤늦도록 이야기하였다. 내일은 원수가 산성을 살펴보러 간다고 하였다.

6월 11일, 맑음

중복이라 쇠나 구슬이라도 녹일 것처럼 대지가 뜨겁다. 오후 늦게 명나라 차관 경략군문 이문경이 찾아왔기에 부채를 선물로 주어 보냈다. 어제저녁 종사관과 이야기할 때 변흥백의 종 춘이가 집안 편지를 가지고 와서 어머님의 영연_{죽은 사람의 영궤와 그에 딸린 모든 것을 차려 놓는 곳}이 평안하신 것을 전해 들었다. 사무친 애통함을 어찌 다 말로 할 수 있겠는가. 다만, 변흥백이 나를 만나볼 일로 여기까지 왔다가 그냥 청도로 돌아갔다고 하니 참으로 아쉽다.

아들 열이 토하고 설사하며 밤새도록 신음하는데, 애태우며 고민한 심정을 어찌 말로 다 할 수 있을까. 닭이 울어서야 조금 덜하여 잠을 잤다. 이날 아침 한산도의 여러 곳으로 갈 편지 14장을 썼다.

6월 12일, 맑음

이른 아침에 종 경과 인을 한산도 진으로 보냈다. 전라 우수사 이억기, 충청 수사 최호, 경상 수사 배설, 가리포 첨사 이응표, 녹도 만호 송여종, 여도 만호 김인영, 사도 첨사 황세득, 동지 배흥립, 조방장 김완, 거제 현령 안위, 영등포 만호 조계종, 남해 현감 박대남, 하도 현감 신진, 순천 부사 우치적 등에게 편지를 하였다. 늦게 승장 처영이 와서 부채와 미투리를 선물해서 나도 다른 물건을 주어 고마움을 표현했다. 또한, 적이 어떠한지 살핀 일과 원균에 대한 일도 말하였다.

오후에 들으니 중군장 이덕필이 군사를 거느리고 적에게 갔다고 한다. 무슨 일인지 알 수 없었다. 내가 도원수 권율에게 가보니, 우병사 김응서의 보고에 부산의 적은 창원 등지로 떠나려 하고, 서생포(울산)의 적은 경주로 진을 옮긴다고 하므로 복병군을 보내어 길을 막고 우리 군대의 위세를 과시하였다고 한다. 병사의 우후 김자헌이 일 때문에 원수를 뵈러 왔다. 나도 그를 만나보고 달빛을 받으며 돌아왔다.

6월 17일, 흐림

서늘한 기운이 감돌아 밤이 쓸쓸하다. 새벽에 일어나 앉으니 어머니에 대한 애통함과 그리움을 이루 다 말할 수 없다. 아침을 먹고 도원수 권율에게 가 보았는데 정직하지 못한 원균에 대한 이야기를 많이 했다. 또, 비변사에서 내려온 공문을 보았는데 원균의 장계에는 "수군과 육군이 함께 나가서 안골포의 적을 무찌른 뒤에 수군이 부산 등지로 진군하겠으니 안골포의 적을 먼저 칠 수 없겠습니까?"라고 하였다고 한다. 도원수 권율의 장계에는 "통제사 원균이 전진하려고 하지 않고 안골포의 적을 먼저 쳐야 한다고 하지만, 수군의 여러 장수는 이와 생각이 다릅니다. 원균은 숨어서 나오지 않으니, 절대로 여러 장수와 힘을 모으지 못하고 일을 그르칠 것이 뻔합니다."라고 하였다.

6월 18일, 흐림

명나라 사람 섭위가 와서, 명나라 사람 주언룡이 일본에 포로로 잡혔다가 이번에 나왔는데, 왜군 10만 명이 일본에서 떠나 벌써 사자마나 대마도에 왔을 것이라고 했다. 또한, 고니시 유키나가는 의령을 거쳐 바로 전라도로 쳐들어갈 것이며, 가토 기요마시는 경주, 대구 등지로 진을 옮겨 안동으로 갈 것이라고 말하였다.

6월 19일, 맑음

새벽닭이 세 번 울 때 출발해 원수의 진중에 이를 때쯤에는 새벽빛이 벌써 환하였다. 진에 이르니 원수와 종사관 황여일이 나와 앉아 있었다. 원수는 원균에 관한 일을 내게 말했다. "통제사 원균의 행동이 흉악함을 이루 말할 수가 없소. 그는 조정에 청하길 안골과 가덕의 적을 모조리 무찌르고 나면 수군이 나아가 쳐부수겠다고 하니, 이것이 정말 말이 되는 소리요? 출정을 미루어 나아가지 않으려는 뜻에 불과한 것이오. 그래서 사천으로 가서 세 수사에게 독촉할 것이오. 통제사 원균은 내가 지휘할 것도 없소."라고 하였다. 위에서 내려온 글을 보니, '안골의 적은 경솔하게 들이쳐서는 안 된다'고 하였다.

6월 25일, 맑음

무씨를 다시 뿌리게 하였다. 황 종사관이 와서 해전에 대한 일을 많이 말하고, 원수가 오늘 내일쯤 진중으로 돌아온다고 하였다. 함께 군사 일을 토론하다가 늦게야 돌아갔다.

저녁에 종 경이 한산도에서 돌아와, 보성 군수 안홍국이 적탄에 맞아 죽었다고 전했다. 놀랍고 슬픈 마음을 이길 수 없었다. 적은 한 놈도 잡지 못했는데 우리 장수를 둘이나 잃었으니 마음이 몹시 아프고 슬프다. 거제 현령 안위가 미역을 실어 보냈다.

깊이 생각해보기 — 왜가 다시 전쟁을 일으킨 까닭은 무엇일까요?

3년 정도 명나라와 휴전 협상을 하고 있던 일본은 조선이 조건을 지키지 않았을 뿐더러 명나라가 도요토미 히데요시를 일본의 국왕으로 정한다는 말에 분노해 다시 정유년에 전쟁을 일으켰어요. 이것이 바로 정유재란이에요.

7월 3일, 맑음

새벽에 앉아 있으니 싸늘한 기운이 뼛속에 스민다. 비통한 마음이 더욱 심해졌다. 제사에 쓸 유과와 밀가루를 장만하였다. 저녁나절에 정읍의 군사 이량, 최언환, 건손 세 사람을 심부름시키라고 보내왔다.

오후 늦게 장준완이 남해에서 와서 만났는데, 남해 현감의 병이 위중하다고 전하였다. 마음이 애타고 걱정스러웠다. 좌병사가 군관을 시켜 항복한 왜군 두 명을 보냈다. 그들은 가토 기요마사의 부하라고 하였다. 해가 저물어서 돌아왔는데, 고령 현감이 성주에 갇혔다는 소식을 들었다.

7월 10일, 맑음

새벽에 아들 열과 변존서를 아산으로 보내기 위해 날이 새도록 앉아서 기다렸다. 아침밥을 먹다가 슬픔을 이기지 못해 통곡하고 말았다. 내가 무슨 죄를 지었기에 어머니의 제사도 직접 모시지 못하고 이 지경이 되었단 말인가! 홀로 빈 집에 있자니 마음이 끓어올라 밤이 깊도록 잠을 이루지 못하였다.

7월 14일, 맑음

이른 아침에 말을 끌어오기 위해서 정상명과 종 평세, 귀인을 남해로 보냈다. 오전 10시쯤 종사관 황여일이 왜적에게 항복했던 김억의 보고서를 보내왔다. 보고에 따르면, '지난 7일 왜선 500여 척이 부산으로 나왔고, 9일에는 왜선 1천여 척이 합세하여 우리 수군과 절영도 앞바다에서 싸웠다. 그런데 우리 전선 다섯 척은 표류하다 두모포에 닿았으며, 일곱 척은 어디로 갔는지 알 수 없다'라고 하였다. 분해서 참을 수가 없었다. 즉시, 황 종사관에게 달려가 앞으로의 일을 의논하였다.

그런 다음 그대로 앉아서 활 쏘는 것을 구경하였다. 내가 탔던 말을 홍대방에게 달려보라고 했더니 매우 잘 달렸다.

7월 15일, 비

비가 오다 개다 했다. 중군 이덕필이 와서, 우리 수군이 적에게 패하여 전선 20여 척이 부서졌다고 전하였다. 분통이 터졌다. 적을 막아낼 방법이 없으니 한스럽다.

7월 16일, 흐림

손응남을 중군 이덕필에게 보내서 수군의 소식을 자세히 알아오라고 하였다. 손응남이 돌아와 말하기를, 경상 좌병사가 자세히 말하지는 않았지만 급하게 알리는 것을 보니 우리 수군이 매우 불리한 것 같다고 하였다. 낮에 이희남에게 칼을 갈게 했더니, 적장의 머리를 벨 수

있을 만큼 잘 들었다.

저녁에 영암군 송진에 사는 종 세남이 서생포에서 알몸으로 왔다. 그 까닭을 물으니, "저는 7월 4일 우후 이의득 배의 격군이 되어 5일 칠천량에서 자고, 6일 옥포로 들어갔습니다. 7일 새벽에는 말곶을 거쳐 다대포에 닿았는데, 왜선 여덟 척이 있었습니다. 우리 배들이 곧장 돌격하자 왜적들은 몽땅 육지로 도망하고 빈 배만 남았습니다. 그것들을 끌어내 불을 지른 뒤, 부산 절영도 바깥 바다로 향하였습니다. 그런데 대마도에서 건너오는 적선 1천여 척과 맞닥뜨리고 말았습니다. 우리 수군이 싸우려 했지만, 왜선들이 흩어져 달아나는 바람에 쳐부수지 못했습니다. 그러다 내가 탄 배와 다른 6척의 배가 서생포 앞바다까지 표류하다가 겨우 육지로 오르려고 할 때 왜적에게 습격을 당하였습니다. 우리 수군은 거의 다 죽고 나만 숲속으로 기어들어가 간신히 목숨을 건져 여기까지 온 것입니다."라고 대답하였다.

세남의 말을 들으니 분하고 안타까웠다. 우리나라가 믿는 것은 오직 수군뿐인데, 수군마저 이렇게 지고 말다니 이제 조선은 어찌 희망이 있겠는가. 생각할수록 가슴이 찢어졌다. 선장 이엽이 왜적에게 잡혀갔다니 더욱 원통하다.

7월 18일, 맑음

새벽에 이덕필과 변홍달이 와서 '16일 새벽에 수군이 왜적의 기습을 받아 크게 졌다. 삼도수군통제사 원균, 전라 우수사 이억기, 충청 수사 최호와 여러 장수가 크게 피해를 입었다'고 전하였다. 저절로 통곡이 터져 나왔다. 얼마 뒤, 도원수 권율이 와서, "일이 이렇게 되어 어찌할 바를 모르겠소. 도대체 어쩌면 좋겠소?" 하며 답답한 마음을 털어놓았다.

오전 10시쯤이 되도록 의논했으나 아무런 대책도 세우지 못하였다. 이에 "내가 직접 해안 지방으로 가서 듣고 본 뒤에 방책을 정하겠습니다." 하고 말했더니 원수가 기뻐하였다. 송대립, 류황, 윤선각, 방응원, 현응진, 임영립, 이원룡, 이희남, 홍우공과 함께 길을 떠나 삼가현에 도착하니 새로 부임한 수령이 나와서 기다리고 있었다.

7월 21일, 맑음

일찍 떠나 곤양군에 도착했다. 군수 이천추가 고을에 있고, 백성들은 대부분 농사에 힘써서 이른 벼를 거두기도 하고, 혹은 밀 보리밭을 갈기도 하였다. 오후에 노량에 이르니 거제 현령 안위, 영등포 만호 조계종 등 10여 명이 와서 통곡하였다. 왜적을 피해 숨어 있던 군사들과 백성들도 울부짖지 않는 이가 없었다.

그런데 경상 수사 배설은 도망가고 보이지 않았다. 경상 우후 이의득에게 싸움에서 진 이유를 물었다. 그러자 "원균이 적을 보자마자 먼저 육지로 도망갔습니다. 그러자 다른 장수들도 모두 달아나 이 지경에 이르렀습니다."라고 하였다. 옆에 있던 사람들도 "대장 원균의 잘못은 입으로 다 옮길 수가 없습니다. 그의 살점이라도 뜯어 먹고 싶은 심정입니다." 하며 울분을 토하였다. 거제 배에서 안위와 새벽 2시까지 이야기를 나누었다. 잠시도 눈을 붙이지 못해 눈병이 났다.

7월 29일, 비

늦게 냇가로 나가 군사를 점검하고 말을 타고 달렸는데, 원수가 보낸 군사는 모두 말이 없고 활과 화살도 없어 쓸모가 없었다. 매우 한탄스러웠다.

저녁에 들어올 때 배 동지와 남해 현령 박대남을 만나보았다. 밤새 큰 비가 왔다. 찰방 이시경에게 사람을 보내어 안부를 물었다.

깊이 생각해보기 — **칠천량 전투에 대해 알아보아요.**

정유재란을 일으킨 왜적을 무찌르기 위해 이순신 장군 대신 삼도수군통제사를 맡았던 원균이 칠천량에서 전투를 벌였으나 숨어 있는 왜군들의 기습을 받아 조선군은 모두 죽고 원균 또한 도망가다가 죽임을 당했어요.

8월

8월 2일, 비 온 뒤 갬

홀로 수루에 앉았으니 그리운 마음에 비통할 따름이다. 이날 밤 임금의 명령을 받는 꿈을 꾸었는데 아마도 실제로 그럴 징조인 것 같았다.

8월 3일, 맑음

이른 아침에 선전관 양호가 갑자기 들어와서 임금의 교서와 유서를 전하였다. 그 내용은 곧 삼도통제사를 겸하라는 명령이었다. 절을 한 뒤에 받은 다음 잘 받았다는 편지를 써서 올리고 그날 바로 길을 떠나 곧장 두치로 출발하였다.

석주관에 도착하자 이원춘과 유해가 복병하고 지키다가 나를 보고는 적에 대해 이야기하였다. 저물녘 구례현에 이르렀는데 온 경내가 쓸쓸하였다.

성 북문 밖의 전날 묵었던 주인집에서 잤는데, 주인은 이미 산골로 피난을 갔다고 하였다. 손인필이 바로 와서 만났다. 곡식까지 지고 왔으며 손응남은 때 이른 감을 바쳤다.

8월 8일, 맑음

새벽에 출발하여 부유창^{순천시 주암면}에서 아침밥을 먹으려는데 이곳은 이미 병사 이복남이 불을 질러 놓았다. 순천에 닿으니 성 안팎으로 사람의 자취를 찾을 수 없어 적막함이 흘렀다. 유일하게 승려 혜희가 와서 인사하므로 의병장의 직첩을 주었다. 총통 등은 위치를 옮겨서 묻게 하였고, 장전과 편전은 군관들에게 나누어 가지게 한 후, 그대로 관부에서 잤다.

8월 9일, 맑음

일찍 출발하여 낙안에 이르렀다. 5리의 길에까지 사람들이 많이 나와 인사하였다. 백성들이 흩어져 달아난 까닭을 물어보자 모두 말하기를, '병사 이복남이 적이 쳐들어온다고 떠들면서 창고에 불을 지르고 달아나서 백성들도 흩어져 도망갔다'고 하였다. 관사에 도착하니 적막하여 인기척도 없었다.

깊이 생각해보기

선조는 이순신 장군을 왜 다시 삼도통제사로 임명했을까요?

칠천량 해전에서 패배한 후 선조는 이순신 장군의 뛰어난 전술과 지도력을 뒤늦게 깨달았어요. 결국, 흩어진 조선 수군을 재건하기 위해 이순신 장군을 삼도수군통제사로 다시 임명했어요.

8월 14일, 맑음

아침에 우후 이몽구에게 곤장 80대를 쳤다.

밥을 먹고 나서 장계 일곱 봉을 봉하여 윤선각에게 깆고 가게 하였다. 오후에 어사 임몽정을 만날 일로 보성에 가서 잤다. 밤에 큰비가 쏟아지듯 내렸다.

8월 16일, 맑음

아침에 보성 군수와 군관 등을 굴암으로 보내어 피해 달아난 관리들을 찾아내게 하였다. 선전간 박천봉이 돌아간다고 해서 그편에 나주 목사와 어사 임몽정에게 답장을 부쳤다.

8월 17일, 맑음

아침을 먹자마자 출발해서 장흥 땅 백사정에 도착했다. 군영구미 전남 강진로 갔지만 사람 하나 없이 텅 비어 있었다. 수사 배설은 내가 타야 할 배를 보내지 않았다. 장흥의 군량 감관이 군량을 모조리 훔쳐서 관리들과 나눠 갖는 것을 붙잡아 호되게 곤장을 쳤다.

8월 19일, 맑음

여러 장수에게 삼도수군통제사로 정한다는 교서와 유서에 절을 올리게 하였는데 배설은 예의 없이 굴었다. 그 태도가 매우 버릇없고 겸손하지 못하여서 이방과 영리에게 곤장을 쳤다.

8월 25일, 맑음

아침을 먹고 있을 때, 당포의 어부가 소 두 마리를 훔쳐가면서 왜적이 왔다고 소리쳤다. 나는 이미 거짓일 거라는 걸 알고 배를 굳게 매어 놓고 꼼짝도 하지 않으며 그자들을 잡아 오게 했더니 예상한 그대로였다. 거짓말을 한 두 사람의 목을 베어 사람들에게 보이게 하였다. 이렇게 해서 군대의 인심은 안정되었으나 배설은 이미 도망쳐버렸다.

8월 28일, 맑음

새벽 6시쯤에 생각지도 않았던 적선 여덟 척이 쳐들어오니 여러 배가 두려워 겁을 먹고 피하려고 하였다. 나는 꼼짝 않고 있다가 적선이 바짝 다가오자 호각을 불고 깃발을 지휘하며 뒤쫓게 했다. 그러자 적선들이 물러갔다. 갈두까지 뒤쫓아 갔다가 돌아왔다. 저녁에는 장도로 옮겨서 머물렀다.

깊이 생각해보기

승려에게 의병장의 임무를 맡긴 까닭은 무엇일까요?

임진왜란이 일어나자 전국 각지에서 공부하던 유생이나 농민들이 의병이 되어 왜적과 싸웠어요. 승려들도 승병이 되어 나라를 구하는 일에 앞장섰어요.

9월

9월 7일, 맑음

바람이 비로소 그쳤다. 탐망군관 임중형이 와서 "적선 55척 가운데 13척이 어란 앞바다에서 우리 수군을 공격하려고 합니다!" 하고 보고하였다. 그래서 각 배에 엄하게 명령을 내려 진을 치게 했다.

오후 4시쯤에 적선 13척이 곧장 진을 치고 있는 곳으로 향해 왔다. 우리 배들도 닻을 올려 바다로 나가 맞서서 공격하니 적선들이 모두 달아났다. 먼바다까지 쫓아갔지만, 바람과 물결이 세서 벽파진으로 되돌아왔다. 아마도 밤중에 다시 습격이 있을 것 같았다.

밤 10시쯤에 적선이 포를 쏘면서 습격을 해오자 우리의 여러 배가 겁을 먹은 것 같았다. 그래서 다시 엄하게 명령을 내렸다. 내가 탄 배가 곧장 적선 앞으로 가서 연거푸 포를 쏘아댔더니 적의 무리는 당해내지 못하고 밤 12시쯤에 모두 물러갔다.

9월 9일, 맑음

오늘이 9월 9일 중양절이다. 군사들에게 음식을 먹이려는데 마침 부찰사의 군량 중에 지원받은 제주 소 다섯 마리가 왔다. 녹도 만호 송여종과 안골포 만호 우수를 시켜 그것을 잡아 장병들에게 먹이고 있을 때, 적선 두 척이 곧장 감보도로 들어와 우리 배의 많고 적음을 정탐하였다. 영등포 만호 조계종이 끝까지 뒤쫓았으나 잡지는 못하였다.

9월 14일, 맑고 북풍이 셈

임준영이 육지를 정탐하고 달려와서 말하기를, "적선 55척이 벌써 어란 앞바다에 들어왔습니다!"라고 하였다. 또, "적에게 사로잡혔다가 도망쳐 온 김중걸이 말하길 왜놈들이 '조선 수군 여남은 척이 우리 배를 추격하여 불태웠으니 보복하자. 여러 배를 불러 모아 조선 수군들을 모조리 죽인 뒤 한양으로 올라가자'라고 하였다고 합니다."라고 전했다. 이 말을 비록 다 믿기는 어려우나 그럴 수도 있으므로 우수영으로 전령선을 보내어 백성들이 육지로 올라가 피난하도록 일렀다.

9월 16일, 맑음

이른 아침에 적을 감시하던 별망군이 보고하기를, 헤아릴 수 없을 정도로 많은 적선이 명량을 거쳐 곧바로 진을 치고 있는 곳으로 향해 온다고 하였다. 여러 장수를 불러 거듭 당부를 한 후, 닻을 올리고 바다로 나갔다. 그러자 적선 133척이 우리의 배를 에워쌌다.

지휘선이 홀로 적선 속으로 들어가 포탄과 화살을 비바람같이 쏘아댔지만, 여러 배는 바라만 보고서 진군하지 않아 일이 어려워졌다. 배 위에 있는 군사들의 얼굴빛이 겁에 질려있었다. 나는 부드럽게 타이르면서 "적이 비록 일천 척이라 해도 우리 배에는 곧바로 덤벼들지 못할 것이니, 조금도 두려워하지 말고 힘을 다해 적을 쏘아라!" 하고 말하였다. 그러고서 돌아보니 여러 배는 뒤로 물러나 있었고, 우수사 김억추가 탄 배는 멀리 떨어져 잘 보이지도 않았다.

배를 돌려 곧장 중군 김응함의 배로 가서 먼저 목을 베려 했으나, 내 배가 머리를 돌리면 여러 배들은 차츰 더 멀리 물러날 것이고, 적선은 점차 다가와서 자칫 위험한 형국이 될 것이다. 나는 중군에게 명령해 영하기와 초요기를 세웠다. 그러자 김응함의 배가 점차 내 배로 가까이 왔고 거제 현령 안위의 배도 다가왔다. 나는 뱃전에 서서 직접 안위를 불러, "안위야, 군법에 죽고 싶으냐! 물러나 도망가면 살 것 같으냐?" 하고 말하였다. 이에 안위가 황급히 적과 교전하는 사이로 들어갔다. 그러자 적장의 배와 다른 두 척의 적선이 안위의 배에 개미 떼처럼 달라붙었다. 나는 배를 돌려 곧장 안위의 배가 있는 데로 들어갔다. 안위의 배 위에 있는 군사들은 죽기를 각오한 채 마구 쏘아 대고 내가 탄 배의 군관들도 빗발치듯 어지러이 쏘아 대어 적선 두 척을 남김없이 모두 무찔렀다.

　녹도 만호 송여종과 평산포 대장 정응두의 배가 다가와 힘을 합하여 적을 공격하니, 살아 움직이는 적군이 하나도 없었다. 이때 내 배에 있던 항복한 왜인 준사가 바다에 빠진 왜군을 보고 적장 구루시마 미치후사라고 외쳤다. 김돌손을 시켜 갈고리로 건져 올려 확인하니 구루시마가 확실했다. 즉시 구루시마의 목을 베어 왜군에게 보이자 적들의 기세가 확 꺾였다.

　우리 군사들은 북을 치며 일제히 나아가서

지자포와 현자포를 쏘고, 화살을 빗발처럼 쏘아대어 적선 31척을 쳐부수었고, 적선들은 후퇴하여서 다시는 가까이 오지 못하였다. 그곳에 계속 머무르려고 했으나 물살이 매우 험히고 바람도 역풍으로 불어 배를 대기에는 위험하였다. 그래서 당사도로 옮겨 정박하고 밤을 지냈다. 이번 일은 하늘이 우리를 굽어 살펴주신 거였다.

9월 17일, 맑음

어외도에 도착하니 피란 선이 무려 300여 척이나 와 있었다. 우리 수군이 크게 이긴 것을 알고 서로 앞다투어 칭찬하고 많은 양식을 가져와서 군사들에게 나누어 주었다.

9월 19일, 맑음

일찍 출발하여 배를 몰았다. 저녁에 법성포에 이르렀더니 흉악한 적들은 벌써 육지로 들어가서 사람들이 사는 집과 창고마다 불을 질렀다. 해가 질 무렵 홍농 앞바다에 이르러서 배를 정박시키고 잤다.

깊이 생각해보기 — **명량 대첩은 어떤 전투였나요?**

명량은 전라남도 진도군 군내면 녹진리와 해남군 문내면 학동리 사이의 해협이에요. 물살이 세서 우는 소리가 들린다 하여 '울돌목'이라는 이름이 붙었어요. 이순신 장군은 물살이 세고 암초가 많은 이곳의 지형을 이용해서 12척의 배로 130여 척의 왜선을 상대로 용감히 맞서 싸워 승리할 수 있었어요.

10월 1일, 맑음

아들 회를 보내서 제 어머니도 보고 집안사람들의 사정을 알아오게 하였다. 마음이 몹시 불안하여 편지를 쓸 수 없었다. 병조의 역자가 공문을 가지고 내려왔는데, 아산 고향 집이 이미 적에게 습격을 당해 잿더미가 되고 남은 것이 없다고 전하였다.

10월 9일, 맑음

일찍 출발하여 우수영에 도착하니, 집이 모두 불타버려 성 안팎에 남은 것이 하나도 없고, 사람도 찾아볼 수 없어 비참하기 그지없었다. 저녁에 해남에서 흉악한 적들이 머물며 진을 치고 있다는 소문을 들었다.

10월 11일, 맑음

새벽 2시쯤에 바람이 그치는 것 같기에 바다 한가운데로 가서 정탐인 이순, 박담동, 박수환, 태귀생을 해남으로 보냈다. 해남에는 연기가 하늘을 뒤덮었다고 하니, 분명히 적의 무리가 달아나면서 불을 지른 것이다.

10월 14일, 맑음

　새벽 2시쯤에 꿈을 꾸었다. 말을 타고 언덕 위로 가는데, 말이 발을 헛디뎌 냇물로 떨어졌다. 그러나 쓰러지지는 않았고, 막내아들 면이 나를 붙들어 안으면서 꿈에서 깼다. 무슨 징조인지 모르겠다.
　저녁때 천안에서 사람이 와 집안 편지를 전하였다. 뜯기도 전에 뼈와 살이 먼저 떨리고 정신이 아득하였다. 겨우 겉봉을 뜯고 둘째 아들 열이 쓴 글씨를 보니, 맨 위에 '통곡소리를 높여 슬피 욺'이라는 두 자가 쓰여 있었다. 막내아들 면이 적과 싸우다 전사한 것이다.
　하늘은 어찌 이리도 잔인하단 말인가? 간이 타고 찢어지는 것 같아 목 놓아 울부짖었다. 면아! 내가 죽고 네가 사는 것이 마땅한 이치이거늘, 네가 죽고 내가 살다니 이게 웬 말이냐? 천지가 어둡고 태양도 빛을 잃는구나. 슬프다, 내 아들아! 나를 버리고 어디로 갔느냐. 영특한 기질이 남달라서 하늘이 이 세상에 머무르게 두지 않는 것이냐. 내가 지은 죄 때문에 화가 네 몸에 미친 것이냐. 이제 내가 세상에 살아 있은들 누구에게 의지할 것인가. 너를 따라 죽어 지하에서 함께 지내고 함께 울고 싶건만, 네 형, 네 누이, 네 어미가 의지할 곳이 없어 아직은 참고 연명한다.
　하지만 내 마음은 죽고 형상만 남은 채 부르짖어 통곡할 따름이다. 하룻밤 지내기가 한 해를 지내는 것 같구나.

10월 16일, 맑음

내일이 막내아들의 죽음을 들은 지 나흘째가 되는 날인데 마음 놓고 울어보지도 못하였다. 소금 굽는 강막지의 집으로 갔다. 밤 10시에 순천 부사 우치적, 우후 이정충, 금갑도 만호 이정표, 제포 만호 주의수 등이 해남에서 돌아왔다. 그들이 왜적 13명과 적에게 항복했던 송원봉 등의 머리를 베어 왔다.

10월 21일, 비와 눈

새벽 2시쯤에 비가 오다 눈이 오다 했다.
바람이 몹시 차가워 뱃사람들이 얼지 않을까 걱정이 되었다. 오전 8시쯤부터 눈보라가 크게 일었다. 정상명이 와서 무안 현감 남언상이 들어왔다고 하였다.
남언상은 원래

수군에 속한 관원인데, 제 몸만 보존하려고 몸을 산골에 숨긴 지 이미 한 달이 넘었다. 적이 물러간 뒤에야 중벌을 받을까 두려워 비로소 나타난 것이다. 그의 하는 짓이 매우 형편없었다.

10월 24일, 맑음

해남에 있던 왜군의 식량 322섬을 실어왔다. 초저녁에 선전관 하응서가 우후 이몽구를 처형하라는 임금의 유지를 가지고 왔다. 그에게 들으니 명나라 수군이 강화도에 도착했다고 한다. 밤 9시쯤에 땀이 나서 등을 적셨는데 밤 12시쯤에야 그쳤다.

10월 25일, 맑음

몸이 몹시 불편하였다. 종 순화가 아산에서 배를 타고 와서 집안의 편지를 전해 주었다. 편지를 보고 마음이 불편하여 뒤척거리며 혼자 앉아 있었다.

10월 29일, 맑음

새벽 2시쯤에 목포로 향하는데 이미 비와 우박이 섞여 내리고 동풍이 약간 불었다.

목포에 갔다가 보화도로 옮겨 정박하니 서북풍은 막을 만하고 배를 감추기에 아주 적합하였다. 그래서 육지에 올라 섬 안을 돌아보았다. 지형이 매우 좋으므로 진을 치고 집 지을 계획을 세웠다.

11월

11월 1일, 비

아침에 사슴 가죽 두 장이 물에 떠내려왔기에 명나라 장수에게 줄 물건으로 챙겨두었다. 괴이하다. 오후 2시쯤에 비는 갰으나 북풍이 크게 불어 뱃사람들은 추위에 괴로워했다. 나도 선실에서 웅크리고 앉아 있었더니, 마음이 불편해서 하루를 지내는 것이 일 년 같았다. 비통함을 어찌 말로 다 할 수 있으리.

저녁에 북풍이 세게 불어서 밤새도록 배가 흔들려 사람이 편히 있을 수가 없었다. 땀이 나서 몸을 적셨다.

11월 5일, 맑음

따뜻하기가 봄날과 같았다. 새로 집 짓는 곳에 올라갔다가 날이 저물어서 배로 내려왔다.

영암 군수 이종성이 밥을 30말이나 지어 일꾼들에게 먹였다. 그가 군량미 200섬과 벼 700섬을 마련하였다고 했다. 보성 군수와 흥양 현감에게 군량 창고 짓는 것을 살펴보게 하였다.

11월 14일, 맑음

해남 현감 류형이 와서 윤단중의 잘못된 점을 많이 말하였다. "아속들이 법성포로 피난을 갔다가 돌아올 때 바람을 만나 배가 뒤집혔는데 바다 가운데서 그들을 만났어도 구조하기는커녕 도리어 배 안의 물건을 빼앗아 갔습니다."라고 하였다. 그래서 그를 중군선에 가두었다. 또한, 김인수는 경상도 수영의 배에 가두었다. 내일은 아버님의 제삿날이니 출입하지 않아야겠다.

11월 16일, 맑음

아침에 조방장, 장흥 부사 및 진중에 있는 여러 장수가 와서 만났다. 공을 세운 기록을 보니 거제 현령 안위가 통정대부가 되고, 나머지도 차례로 벼슬을 받았다. 내게는 상으로 은 20냥이 내려왔다.

명나라 장수 경리양호가 붉은 비단을 한 필 보내면서, "승전을 축하하기 위해 배에 붉은 비단을 걸어 주고 싶으나 멀어서 가지 못하여 아쉽습니다."라고 하였다. 영의정 류성룡의 답장도 왔다.

11월 23일, 눈

바람이 세고 눈도 많이 왔다. 싸움에서 이겼다는 장계를 썼다. 저녁에 얼음이 얼었다고 한다. 아산의 집으로 편지를 쓰려고 하니 눈물이 멈추지를 않는다. 죽은 아들을 생각하니 슬픈 마음을 억누를 수가 없었다.

12월

12월 5일, 맑음

아침에 공을 세운 여러 장수에게 상품과 직첩직위를 주는 증서을 나누어 주었다. 김돌손이 봉학을 데리고 함평 땅으로 가서 포작을 찾아 모았다. 정응남이 새로 만드는 배를 조사하기 위해 점세를 데리고 진도로 갔다. 해남의 독동을 처형했다.

도원수 권율의 군관이 임금의 유지를 가지고 왔다.

"이번 선전관에게 들으니, 통제사 이순신이 아직도 어머니를 여의고 상중이라 고기를 먹지 않으니 여러 장수가 안타깝게 생각한다. 어머니를 그리워하는 마음이야 간절하겠지만, 나랏일이 한창 바쁘고, 옛사람의 말에도 '전쟁에 나아가 용맹이 없으면 효가 아니다'라고 하였다. 전쟁에서의 싸움은 채소 반찬만 먹어서 할 수 있는 일이 아니다. 예법에도 원칙에 대한 예외가 있으니 꼭 고정된 것은 아니다. 이순신은 내 뜻을 깊이 깨달아서 채소만 먹는 것을 그만두고 고기를 먹도록 하라."

임금께서 편지와 함께 고기반찬을 보내셨는데, 마음은 더욱 슬프고 아렸다. 해남에서 백성들을 약탈한 죄인들을 함평으로 잡아 들여 죄를 물었다.

12월 25일, 눈

아침에 아들 열이 아내의 병 때문에 집으로 돌아갔다. 오후 6시쯤에 순찰사가 진에 와서 군사에 관한 일을 의논하였는데, 바닷가에 있는 19개의 고을을 수군에 소속시키기로 하였다. 저녁에는 방에 들어가 조용히 이야기하였다.

12월 30일, 눈

눈보라가 몰아치고 몹시 추웠다. 배 조방장과 여러 장수를 만났다. 평산포 만호 김축, 영등포 만호 정응두는 오지 않았다. 부찰사의 군관이 편지를 가지고 왔다. 오늘 밤은 한해를 마치는 그믐밤이라 슬프고 애달픈 마음이 더욱 컸다.

깊이 생각해보기

명나라 장수는 왜 이순신 장군에게 붉은 비단을 선물로 보냈을까요?

명량 해전의 승리는 너무도 기적 같은 일이어서 조선 조정뿐 아니라 명나라 장수들도 감동을 하였어요. 명나라 장수는 승리를 축하하기 위해 선물과 붉은 비단을 보냈어요. 이순신 장군은 붉은 비단을 배에 걸어 승리를 축하했어요.

제7장

무술일기

무술년 1598년
노량에서 숨을 거두다

전투가 마지막으로 치달았다.
이순신 장군은 일기도 오래 쓰지 못할 정도로 온 힘을 다해
전쟁을 치렀다.
2월에 고금도로 진영을 옮겼다.
7월에는 명나라 도독 진린과 연합작전을 세웠다.
10월에 명나라 장수 유정과 협공하여 전투를 치렀다.
11월 도요토미 히데요시의 죽음으로 왜군이 물러나는데
진린이 뇌물을 받고 보내 주었다.
이순신 장군은 도망치는 왜적을 쫓아가 노량에서 전투를 벌였고,
그곳에서 왜적이 쏜 총알을 맞고 숨을 거두었다.

1월 2일, 맑음

나라 제삿날 명종 비 인순왕후 제사이어서 나랏일을 보지 않았다. 이날 새로 만든 배에 흙덩이가 떨어졌다. 해남 현감 류형과 진도 군수 선의문이 와서 만나고 갔다. 송대립, 송득운, 김붕만이 각 고을로 갔다.

9월 15일, 맑음

명나라 도독 진린과 함께 일시에 함대를 움직여서 나로도^{전남 고흥}에 도착하였다. 여기서 하룻밤을 잤다.

9월 19일, 맑음

아침에 좌수영 앞바다에 도착하니, 눈앞에 보이는 것들이 끔찍하고 절망적이었다. 밤 12시쯤에 달빛 속에 배를 몰아 하개도^{전남 여수에 있는 섬}로 옮겼다가 날이 밝기 전에 군사를 움직였다.

9월 20일, 맑음

오전 8시쯤에 묘도^{전남 여수에 있는 섬}에 이르니 명나라 육군 제독 유정이 벌써 진군하였다. 바다와 땅으로 함께 공격하였더니 적들의 기세가 크게 꺾여 왜군들이 두려워하였다. 수군이 드나들며 대포를 쏘았다.

9월 21일, 맑음

아침에 진군하여 화살과 화포를 쏘며 종일 싸웠으나 물이 얕아 바짝

다가가서 싸울 수 없었다. 남해의 적이 가벼운 배를 타고서 들어와 정탐하려고 할 즈음 허사인 등이 추격을 하니 왜적들은 육지에 내려 산으로 올라갔다. 그들의 배외 여러 가지 물건들을 빼앗아 와서 즉시 도독 진린에게 바쳤다.

9월 22일, 맑음

아침에 진군하여 나갔다 들어왔다 하며 싸우다가 명나라 유격이 왼쪽 어깨에 탄환을 맞았으나 다행히 크게 다친 것은 아니었다. 명나라 군사 11명이 탄환에 맞아 죽었다. 지세포 만호와 옥포 만호도 탄환에 맞았다.

9월 23일, 맑음

도독이 화를 내어 서천 만호 및 홍주 대장과 한산 대장에게

각각 곤장 7대씩 치고, 금갑도 만호, 제포 만호, 회령포 만호에게도 곤장을 15대씩 쳤다.

9월 30일, 맑음

이날 저녁 명나라의 유격 왕원주, 유격 복일승, 파총 이천상이 배 백여 척을 거느리고 진에 이르렀다. 이날 밤 등불이 찬란하여 적들이 겁을 집어먹었을 것이다.

10월 2일, 맑음

아침 6시쯤에 우리 수군이 먼저 나아가 낮 12시쯤까지 싸워 적을 많이 죽였다. 사도 첨사 황세득이 적탄에 맞아 전사하고, 이청일도 죽었다. 제포 만호 주의수, 사량 만호 김성옥, 해남 현감 류형, 진도 군수 선의문, 강진 현감 송상보 등은 탄환에 맞았으나 다행히 죽지는 않았다.

10월 3일, 맑음

도독 진린이 유 제독의 비밀 서신에 따라 초저녁부터 밤 12시쯤까지 싸웠는데 그 와중에 명나라의 사선 19척, 호선 20여 척이 불에 탔다. 도독은 안절부절못하며 어쩔 줄 몰라 했다. 안골포 만호 우수가 탄환에 맞았다.

10월 6일, 맑고 서북풍이 셈

도원수 권율이 군관을 보내어 편지를 전하였는데, '유 제독이 달아나려고 한다'라고 하였다. 분하여 가슴이 터질 것 같았다. 나랏일이 장차 어떻게 될 것인가.

11월 8일

명나라 도독부를 찾아가서 위로하기 위한 잔치를 베풀고 어두워질 무렵에 돌아왔다. 그런데 잠시 후 도독이 다시 만나자고 하였다.

도독이 말하기를, "적들이 10일 사이에 철수한다는 연락이 왔소. 우리가 빨리 진군하여 돌아가는 적의 길을 끊어 막읍시다."라고 하였다.

11월 9일

도독과 함께 일제히 군대를 움직여서 백서량전남 여수에 진을 쳤다.

11월 13일

왜선 10여 척이 장도에 모습을 드러냈다. 곧바로 도독과 약속하고 수군을 거느리고 쫓아갔다. 그러나 왜선은 재빨리 물러나 움츠리고 온종일 나오지 않았다. 도독과 함께 장도로 돌아와서 진을 쳤다.

11월 14일

왜선 두 척이 싸우지 말고 화친하자고 중류에까지 나왔다. 도독이 왜통사통역관를 시켜 왜선을 맞이했다. 그러고는 왜적에게 조용히 한 개의 홍기와 환도 등의 물건을 받았다. 오후 8시쯤에는 왜장이 작은 배를 타고 도독부로 들어와서 돼지 두 마리와 술 두 통을 도독에게 바쳤다고 한다.

11월 15일

이른 아침에 도독에게 가서 잠시 이야기하다가 돌아왔다. 왜선 두 척이 화친하자고 두 번, 세 번 도독의 진중으로 드나들었다.

11월 16일

도독이 진문동을 왜군의 진영에 들여보내고 난 뒤에 왜선 세 척이 말한 필과 창, 칼 등을 가져와 도독에게 바쳤다.

11월 17일

어제 복병장 발포 만호 소계남과 당진포 만호 조효열 등이 왜의 중간 배 한 척이 군량을 가득 싣고 남해에서 바다를 건너는 것을 한산도 앞바다까지 쫓아갔다.

왜적은 한산도 기슭을 타고 육지로 올라가 달아났고, 뺏은 왜선과 군량은 명나라 군사에게 빼앗기고 빈손으로 돌아왔다.

끝까지 나라를 위해 싸우다 간
충무공 이순신

《난중일기》는 1598년 11월 17일까지만 기록되어 있어요. 이틀 뒤 노량 해전에서 이순신 장군은 왜적이 쏜 총탄에 맞아 숨을 거두었기 때문이에요.

1598년 8월, 도요토미 히데요시가 병으로 죽자, 왜군은 앞다투어 본토로 돌아가려고 했어요. 하지만 이순신 장군은 그동안 조선 백성을 약탈하고 괴롭히던 왜적을 곱게 보내줄 수 없었지요. 조선과 명나라 연합군이 힘을 합쳐 도망가는 왜군을 공격하길 바랐어요. 그러나 명나라 장수는 왜군에게 술과 음식 그리고 돈과 금은보석 같은 뇌물을 받고 그대로 길을 열어 주었어요.

이대로 지켜볼 수 없었던 이순신 장군은 1598년 11월 19일 노량 앞바다로 출동했어요. 명나라 장수 진린도 어쩔 수 없이 뒤를 따랐어요.

"적을 잡아라! 단 한 척의 배도 살려 보낼 수 없다!"

이순신 장군은 도망가는 왜군의 뒤를 쫓으며 공격했어요. 조선 수군도 화살과 대포를 쏘며 죽기를 각오하고 왜군과 싸웠어요. 그러나 싸움이 한창일 때에 이순신 장군은 왜군이 쏜 총탄을 맞아 중심을 잃고 쓰러졌어요.

"지금은 전투가 한창이니 나의 죽음을 알리지 마라."

이순신 장군은 죽어가는 마지막 순간까지도 나라와 백성을 생각했어요. 끝내 그는 54세의 나이로 숨을 거두

고 말았어요. 이순신 장군은 죽었지만, 조선 수군은 노량 해전에서 큰 승리를 거두었어요. 노량 해전을 마지막으로 임진왜란은 끝나게 되었답니다.

  이순신 장군의 죽음으로 온 백성은 슬픔에 빠졌어요. 이순신 장군은 왜군에게 한 번도 지지 않은 훌륭한 장수이면서 백성과 군사를 자식처럼 여기고 돌보았기 때문이에요.

  선조 임금은 왜군을 물리친 공을 인정하여 이순신 장군을 선무공신으로 뽑았어요. 45년이 지난 1643년에는 인조 임금이 '충무공'이라는 시호를 내렸어요. 시호란 죽은 뒤에 그 공을 떠받들기 위해 붙인 이름을 말해요. 정조 때인 1793년에는 조선 시대 최고 지위인 영의정까지 벼슬이 올랐어요. 숙종은 이순신 장군의 사당을 세우도록 하고, 현충사 현판을 직접 써서 내려 주었어요. 일제 강점기에는 현충사가 일본에 의해 없어질 위기에 처하기도 했어요. 그러나 1932년에 전 국민이 성금을 모아 현충사를 지켰고, 1963년에는 현충사의 규모를 더욱 크게 만들었어요.

  현재 현충사에는 이순신 장군이 전쟁 중에 사용했던 무기, 전생을 기록한 책들이 전시되어 있답니다. 그뿐만 아니라 우리나라 곳곳에서 이순신 장군의 뜻을 이어받으려 하고 있어요.

  이순신 장군은 우리들 마음에 살아있는 위대한 영웅이랍니다.